AF305967

CONGRÈS RÉGIONAL

DES

SOCIÉTÉS DE GÉOGRAPHIE

COMPOSANT LE GROUPE DU SUD-OUEST

1re Session — Bergerac — Septembre 1885

COMPTE RENDU

(Extrait du *Bulletin de la Société de Géographie commerciale de Bordeaux*.)

BORDEAUX

IMPRIMERIE G. GOUNOUILHOU

11 — RUE GUIRAUDE — 11

1885

CONGRÈS RÉGIONAL

DES

SOCIÉTÉS DE GÉOGRAPHIE

COMPOSANT LE GROUPE DU SUD-OUEST

1re Session — Bergerac — Septembre 1885

COMPTE RENDU

Origine et objet du Congrès. — Allocations — Membres du Congrès. — Siège des séances.

Le Congrès régional des Sociétés de Géographie composant le Groupe du Sud-Ouest (Bordeaux, Bergerac, Périgueux, Mont-de-Marsan, Agen, La Rochelle, Blaye et Tarbes) s'est réuni à Bergerac, du 5 au 8 septembre 1885.

Ce Congrès étant le premier Congrès géographique régional qui ait été ouvert en France, il est utile d'en rappeler les origines :

Le septième Congrès national des Sociétés françaises de Géographie, réuni à Toulouse en 1884, avait désigné Oran pour siège du huitième Congrès national en 1885. La Société de Géographie d'Oran, pour laquelle on avait d'abord sollicité cet honneur, dut le décliner plus tard et l'appel adressé ensuite à d'autres Sociétés de Géographie ne fut pas entendu. Il fallut reconnaître qu'il n'y aurait pas de Congrès national des Sociétés françaises de Géographie en 1885.

C'est alors que l'idée d'un Congrès géographique régional, spécial au Groupe du Sud-Ouest, fut mise en avant dans ce groupe.

La Société de Géographie commerciale de Bordeaux proposa de réunir, en 1885, sous son patronage et avec son concours, dans l'une des villes où elle a fondé une section, un Congrès régional de Géographie. La plus ancienne section du Groupe géographique du Sud-Ouest, fondée à Bergerac en 1878, se chargea, par décision de son assemblée générale du 26 mars 1885, d'organiser cette première session régionale.

Le but principal était de relier plus intimement entre elles et avec la section centrale les différentes sections du Groupe du Sud-Ouest, en leur permettant d'examiner en commun, en même temps que les principales questions qui se rapportent aux intérêts généraux du Groupe, toutes celles qui touchent plus spécialement à la géographie de la région.

Il fut décidé en outre que la section de Bergerac ouvrirait un concours, suivi de récompenses, entre les écoles de la circonscription de Bergerac. Les travaux personnels des instituteurs et les travaux des élèves étaient admis à concourir à des conditions déterminées (¹).

La présidence d'honneur du Congrès fut décernée à M. Foncin, inspecteur général de l'Instruction publique, fondateur de la Société de Géographie commerciale de Bordeaux et promoteur du Groupe géographique du Sud-Ouest.

M. le Ministre de l'instruction publique voulut bien accorder au Congrès une subvention de 500 francs; la municipalité de Bergerac voulut bien accorder au Congrès une subvention de 400 francs.

La section centrale avait accordé au Congrès une subvention de 200 francs. Elle devait en outre insérer dans le *Bulletin* de la Société de Géographie commerciale de Bordeaux le programme du Congrès, le questionnaire, les comptes rendus sommaires des séances; faire les frais d'impression des cartes d'entrée pour les membres du Congrès; fournir les diplômes pour les récompenses.

Les membres du Groupe géographique du Sud-Ouest présents au Congrès étaient :

Pour la Société de Géographie de Bergerac : MM. Alard, Bachan, Couleaud, Dalesme, Dellia, Dubois, Fournier, Henri Garrigat, Dr Giroux, Hugues, Jouan, Maillefert, Pauliet, Reclus, Rigaud.

Pour la Société de Géographie commerciale de Bordeaux : MM. Armaignac, Bayssellance, Bonetti, Gebelin, Hautreux, Labroue, Manès, Manier, Ferdinand Schrader, Franz Schrader, Séverin, Viguier.

Pour la Société de Géographie de Périgueux : M. Dumontet de Lacroze.

La Société de Géographie d'Agen avait pour délégué M. Bonetti; celle de La Rochelle, M. Manès; celle de Tarbes, M. Labroue.

M. Conte, capitaine au 1er régiment étranger, membre correspondant de la Société de Topographie de France; M. Ferdinand Cahen, secrétaire du conseil de la Société d'études de travaux français, et M. Georges Dumont, ingénieur, tous deux accrédités auprès du Congrès par la Société d'études de travaux français, assistaient au Congrès.

(¹) Pour les détails du projet de Congrès régional, les négociations échangées, les dispositions et les programmes arrêtés, voir le *Bulletin* de la Société de Géographie commerciale de Bordeaux, année 1885, nᵒˢ 8. 9. 14, 15, p. 241-245, 285-288, 436, 459-460.

Les séances publiques du Congrès ont eu lieu dans la salle des ouvriers, au théâtre; les séances ordinaires ont eu lieu dans une des salles du collège.

Les travaux scolaires présentés au concours ouvert par la Société de Géographie de Bergerac étaient exposés au Jardin Public, dans un pavillon dépendant de l'exposition du Concours agricole.

SAMEDI MATIN 5 SEPTEMBRE 1885

RÉUNION PRÉPARATOIRE

Salle du Collège

Fixation de l'ordre du jour des séances. — Composition du jury du concours scolaire.

La séance est ouverte à dix heures.

Sur l'invitation de M. Fournier, sous-préfet, président de la Société de Géographie de Bergerac, M. Manès, secrétaire général de la Société de Géographie de Bordeaux, prend place au bureau et préside la réunion.

M. Labroue communique des dépêches de MM. Foncin et Marc Maurel empêchés par des indispositions de venir au Congrès. La réunion accueille ces nouvelles avec un vif regret. M. Azam, président du Groupe géographique du Sud-Ouest, a écrit également pour s'excuser.

M. Manès informe qu'il a reçu des lettres des sections d'Agen, de Tarbes et de La Rochelle, renfermant les pouvoirs nécessaires pour les délégués qui seront chargés de les représenter au Congrès. Ces délégations sont ainsi réparties : M. le commandant Bonetti, pour la section d'Agen; M. Labroue, pour celle de Tarbes, et M. Manès, pour celle de La Rochelle. La section de Périgueux sera représentée par son secrétaire général, M. Dumontet de Lacroze.

Cette séance ayant pour but d'arrêter les divers ordres du jour des séances du Congrès, M. Manès donne lecture de la liste des communications annoncées; la réunion décide leur inscription dans l'ordre suivant :

Lundi matin. — I. M. Conte, capitaine au 1er régiment étranger : 1° Exposé d'une méthode panoramique appliquée à la topographie; 2° Guerre au Tonkin; aperçu de politique coloniale.

II. M. Labroue : Terminologie et prononciation géographiques.

III. M. le commandant Bonetti : La vallée d'Aspe.

IV. M. John Le Long : Émigration et politique coloniale.

V. M. de Montour : Canal de jonction de la Garonne à la Loire.

Lundi soir. — I. M. Laplène : Communication sur le Sénégal.

II. M. Hautreux : 1° Répartition des pluies; 2° bureau nautique; 3° *Pilot-charts* des Américains.

Lundi soir. Séance de nuit. — M. Franz SCHRADER : Conférence publique sur l'Himalaya.

Mardi matin. — I. M. MAILLEFERT : 1° Programme d'un cours de géographie et d'histoire du commerce, envoyé au Congrès par M. Carlos de Mello, de Lisbonne, membre correspondant;

2° Compte rendu d'un ouvrage envoyé par M. Girard, de la section de La Rochelle, sur l'Asie-Mineure.

II. M. LABROUE. La Grèce actuelle.

III. M. MANÈS. Musées commerciaux.

Mardi soir. — M. MANIER. Canal de l'Océan à la Méditerranée.

MM. CAHEN et DUMONT. Canal de l'Océan à la Méditerranée.

Rapport du jury du concours scolaire et proclamation des récompenses.

La réunion procède ensuite à la nomination des membres du jury du concours scolaire. Sont désignés pour faire partie du jury:

MM. Fournier, sous-préfet, président de la Société de Géographie de Bergerac; Pauliet, inspecteur primaire, vice-président de la Société de Géographie de Bergerac, et MM. Labroue, Rigaud, Dumontet de Lacroze, Maillefert, Alard, Dalesme, Bonetti, Manès, Schrader père, Schrader fils, Gebelin, Séverin.

Le jury procèdera lui-même à la désignation de son rapporteur et se divisera en sections s'il le juge nécessaire.

Avant de se séparer, la réunion décide que l'ordre du jour de la séance d'ouverture comprendra : 1° l'allocution de M. le Président; 2° la lecture par M. le commandant Bonetti, vice-président de la Société de Géographie commerciale de Bordeaux, du discours envoyé par M. Foncin; 3° le rapport du secrétaire général de la Société de Géographie commerciale de Bordeaux, sur les travaux du Groupe; 4° le rapport général de M. Labroue, vice-président de la Société de Géographie commerciale de Bordeaux, sur la terminologie et la prononciation géographiques.

La séance est levée à onze heures et demie.

SAMEDI SOIR 5 SEPTEMBRE 1885

SÉANCE PUBLIQUE D'OUVERTURE AU THÉATRE

(Salle des ouvriers.)

Présidence de M. Prosper FOURNIER, président de la Société de Géographie de Bergerac, sous-préfet de l'arrondissement de Bergerac.

M. *Fournier :* allocution. — M. *Foncin :* lecture de son discours. — M. *Manès :* rapport sur les travaux du Groupe géographique du Sud-Ouest. — M. *Labroue :* prononciation et terminologie géographiques (Rapport d'ensemble). — M. *Pauliet :* ordre du jour des séances; jury du concours scolaire.

La séance est ouverte à trois heures de l'après-midi.

M. le PRÉSIDENT souhaite la bienvenue aux membres du Congrès. Il rappelle les conditions dans lesquelles l'idée du Congrès a été émise, les scrupules de la Société de Bergerac désignée pour une initiative hardie dont l'honneur lui semblait peu en rapport avec son rôle modeste, l'insistance bienveillante de la Société de Géographie commerciale de Bordeaux et spécialement de M. Foncin, le grand promoteur du mouvement géographique dans la région du Sud-Ouest. La présidence du Congrès avait été, à l'unanimité, décernée à M. Foncin qui avait bien voulu l'accepter. Au dernier moment, une indisposition qui rend impossible un voyage à accomplir durant de longues heures, nous prive de la présence de M. Foncin. Du moins, M. Foncin a eu le temps d'envoyer au Congrès le discours qu'il se proposait de prononcer à l'ouverture de la session. — M. Prosper Fournier prie M. le commandant Bonetti de donner lecture du discours de M. Foncin et lui délègue la présidence.

M. le commandant BONETTI, vice-président de la Société de Géographie commerciale de Bordeaux, lit, au nom de M. FONCIN, le discours suivant :

MES CHERS COLLÈGUES,

Je me sens très touché de l'honneur que vous m'avez fait en m'appelant à la présidence de ce Congrès, le premier Congrès géographique provincial qui ait encore eu lieu en France. Il y a toujours plaisir à prendre sa part d'une œuvre nouvelle, et l'inédit est plein de charmes. Aussi éprouvons-nous aujourd'hui une sorte de joie qui n'est pas sans quelque analogie (lointaine, il est vrai), avec celle des gravisseurs qui atteignent les hautes cimes, ou des voyageurs qui découvrent des terres jusque-là inexplorées. Je viens, pour ma part, constater simplement le succès de votre entreprise et enregistrer votre conquête. Par ce temps d'annexions coloniales un peu... soudaines, on ne saurait prendre trop de précautions, ni trop se hâter d'établir son droit de premier occupant. L'idée d'un Congrès régional de géographie est votre bien, elle vous appartient en propre ; on ne saurait vous la ravir, même au delà du Rhin ; on ne peut désormais que la copier.

Dans cette campagne géographique dont il ne vous reste plus qu'à cueillir les lauriers, mes chers collègues de Bergerac, vous avez eu pour guide votre aimable président, M. le sous-préfet Fournier qui, depuis sept années, c'est-à-dire depuis l'origine même de la section, dirige vos efforts avec un zèle patriotique déjà traditionnel dans sa famille. Nous ne saurions oublier, ici surtout, que son frère, brillant capitaine de frégate, s'est récemment distingué dans la campagne de Chine, sous les ordres du brave amiral dont la France pleure la perte. S'il est plusieurs manières de faire son devoir, en deçà comme au delà des frontières, toutes sont bonnes, et notre reconnaissance s'étend à tous ceux qui, près de nous comme au loin, veulent contribuer au relèvement de la patrie.

Je crois rendre également votre pensée en remerciant le vice-président de cette section, M. Pauliet, inspecteur des écoles primaires de l'arrondissement de Bergerac, d'avoir bien voulu se charger de tous les détails matériels d'organisation du Congrès. Vous saviez déjà avec quel succès il avait institué des concours géographiques scolaires dans sa circonscription. Par son activité pratique, son esprit d'ordre, sa persévérance, il méritait de mener à bien l'œuvre que vous lui aviez confiée : cette fois encore il a pleinement réussi.

Avec ses chefs naturels, le Bureau tout entier a été complice de la fortune. Il est vrai qu'il a eu pour auxiliaires des hommes tels que M. le géographe Rigand qui, depuis sept ans, a tiré jusqu'à soixante mille exemplaires de cartes destinées à la Société, et que pour inspirateur il a eu M. le professeur Labroue. Permettez-moi de faire une place à ce travailleur infatigable et modeste dont la vue et les forces physiques se sont usées prématurément en labeurs utiles et qui, devenu par adoption citoyen de cette ville, a contribué plus que personne à y propager le culte des idées généreuses et désintéressées.

Pour vous tous, Messieurs, c'est une première et bien douce récompense que d'avoir aujourd'hui pour témoins et pour approbateurs des heureux résultats de votre entreprise tout ce que Bergerac et le département de la Dordogne renferment d'hommes distingués et de représentants des diverses autorités.

Déjà la municipalité avait encouragé vos efforts en accordant à votre Congrès une allocation importante eu égard aux ressources minimes dont elle dispose. M. le Ministre de l'instruction publique vous a honorés de son côté d'un témoignage de sympathie non moins effectif, montrant par là combien il est favorable au développement des études géographiques et en même temps combien il apprécie tout viril effort d'initiative individuelle.

Oui, mes chers collègues, l'exemple que vous donnez est excellent, laissez-moi vous le dire, car votre modestie vous empêcherait de vous louer vous-mêmes comme vous le méritez. Il appartenait au pays des Girondins, à la plus sociable des régions de la France, de pratiquer avec sincérité et cordialité une des formes les plus délicates et les plus élevées des associations humaines, la fédération. Grâce à vos Congrès annuels, tous les membres du Groupe géographique du Sud-Ouest, unis déjà sur le papier, par les articles de vos statuts et règlements, s'apercevront qu'ils appartiennent en effet à une même grande famille. La section centrale entrera en rapports directs avec les autres sections, et celles-ci apprendront à se mieux connaître entre elles. Aux relations administratives et comme officielles s'ajouteront ces rapports d'homme à homme qui facilitent la solution des moindres affaires, comme des plus importantes. Lorsque les souverains des grands Etats, donnant congé à leurs ambassadeurs, prennent soin de se rencontrer dans des rendez-vous intimes, pourquoi n'auriez-vous pas aussi vos entrevues? L'union était faite entre vous, elle était stipulée dans vos conventions réciproques; ce n'était pas assez : désormais, et plus sûrement que dans tous les colloques princiers du monde, elle régnera dans vos cœurs.

Renforcé par l'intime accord de toutes les volontés, le Groupe pourra s'étendre et tenter de nouvelles conquêtes. Pourquoi ne s'annexerait-il pas des villes comme Bayonne, Pau, Bagnères-de-Bigorre, et comment n'a-t-il pas occupé tout entière encore cette marche des Pyrénées occidentales où la géographie a été étudiée pratiquement par tant de hardis colons, où il importe plus qu'en toute autre contrée d'éclairer et de diriger l'émigration? Et de même serait-il interdit d'espérer que Brive et Angoulême viennent à nous, et qu'un jour ou l'autre une modification quelconque des statuts permette de renouveler alliance avec Rochefort? L'extrême dispersion des forces est un danger, aussi bien dans le domaine des recherches géographiques que dans les combats de terre ou de mer, et ce n'est pas en Saintonge, dans ce corps d'élite des officiers de la marine nationale dont le savoir égale la bravoure, qu'on voudrait contester les avantages d'une action, d'une stratégie communes. Charente, Dordogne, Garonne, Adour sont sœurs d'un même bassin et filles d'un même océan.

Vous avez bien compris, mes chers collègues, les avantages de l'union que ce premier Congrès consacre solennellement. Vous avez vu clairement aussi l'utilité des travaux collectifs qu'il rend possibles, car vous avez résolu (suivant les termes de votre programme) « d'examiner en commun, » en même temps que les principales questions qui se rapportent aux » intérêts généraux du groupe, celles qui touchent plus spécialement à la » géographie de la région. » Peut-être pourriez-vous faire un pas de plus dans cette voie, en réservant, dans chaque Congrès, une place plus importante à l'étude de la géographie locale, en mettant-d'avance à l'ordre du jour de vos travaux une sorte·d'enquête sur la contrée où vous devriez siéger l'année suivante.

Pour donner suite au vœu modeste que j'ai l'honneur de vous présenter, il suffirait de développer l'idée qui a présidé à la fondation des concours géographiques de Bergerac. Au lieu de faire seulement appel aux maîtres et aux élèves des écoles, dont le concours est d'ailleurs précieux, vous réclameriez aussi celui des spécialistes, et vos délibérations prendraient ainsi peu à peu un caractère plus précis et plus scientifique.

Mais alors faudrait-il peut-être abandonner comme canevas des monographies géographiques ces cadres tout fictifs et artificiels de la commune, du canton, de l'arrondissement, du département qui, la plupart du temps, ne correspondent à rien de naturel, de complet, ni de vivant. J'ai toujours rêvé pour ma part de collaborer à la confection d'un vaste catalogue de tous les *pays* de France. Le pays, en effet, l'ancien « pagus » gaulois, telle est la véritable molécule géographique de notre vieille France ; telle est la cellule qui, dans la ruche nationale, a survécu à toutes les constructions adventices des gouvernements et des administrations.

Quand on parle de *Chalosse* ou de *Maransin* aux Landais ; de *Médoc* ou d'*Entre-deux-Mers* aux Girondins ; de *Double* aux Périgourdins, ils vous entendent à merveille, quoique cette géographie-là ne leur ait pas été enseignée, parce qu'en réalité elle n'est pas faite. Eh bien ! que les Sociétés géographiques se mettent à l'ouvrage, qu'elles entreprennent de tracer un portrait exact de chacun des pays de France, et de toutes ces peintures particulières résultera un vaste tableau national, une image de la patrie, qui bientôt sera populaire.

Je n'insiste pas : il n'y a pas lieu d'examiner ici le détail de l'entreprise ni d'en montrer tous les avantages. Permettez-moi seulement de vous rappeler, mes chers collègues, combien il importe à tous égards de familiariser la nation française avec cette idée qu'en toutes choses il y a des lois naturelles ; que le géographe comme l'historien ou le politique peuvent les découvrir, mais non les forger eux-mêmes de toutes pièces ; que dans la pratique, enfin, il est toujours dangereux de les enfreindre, toujours sage au contraire et très simple de s'y conformer.

Or, cette persistance vingt fois séculaire des noms et des limites de tant de pays français donne à réfléchir ; elle fournit une indication dont il est impossible de ne pas tenir compte. Il y a, de plus, entre ces pays de nos ancêtres et les cantons suisses, par exemple, une frappante analogie. Bref, on peut se demander si le répertoire de ces pays, une fois méthodiquement dressé, ne recevrait point par la force des choses, et conformément à une loi naturelle trop longtemps méconnue, quelque application utile, même dans le domaine administratif ou politique.

Mais nos Congrès, Messieurs, n'ont point à s'inquiéter de telles préoccupations. Les affaires publiques ne sont point leurs affaires. Qu'ils ouvrent des enquêtes précises, qu'ils recueillent des renseignements aux meilleures sources et qu'ils s'efforcent de les contrôler, qu'ils constatent rigoureusement un certain nombre de faits authentiques et qu'ils cherchent à les interpréter, ils serviront ainsi plus utilement la cause de la géographie que s'ils cédaient à ce penchant fâcheux de notre race, aggravé trop souvent par une éducation classique superficielle, et qui est de s'emporter en généralisations hâtives, de disserter sur des lieux communs et des formules préconçues. Or, l'amour de la vérité, c'est-à-dire le culte du fait scientifiquement observé, constaté et compris, tel est le commencement de la sagesse pour les associations et pour les congrès, comme pour les peuples. Ajoutez qu'à travailler de la sorte on ne risque jamais de se froisser les uns les autres. Il n'y a que les croyances, que les sentiments qui ne se discutent point, et de leur choc ne naquit jamais la lumière, tandis que chacun admet parfaitement la contradiction quand il s'agit des faits, c'est-à-dire des données scientifiques.

En d'autres termes, mes chers collègues, restons géographes, afin de rester toujours amis. Notre fédération est ouverte à tous ; elle admet tous les dévouements et toutes les curiosités ; elle accueille les petits comme les grands, et à côté des savants ceux qui dans leur modestie se défieraient de leur compétence et de leur savoir. Elle est libérale dans le sens le plus large de ce mot ; elle est girondine ; elle est française enfin et très française. Elle s'inspire, en effet, d'une pensée supérieure qui depuis douze ans n'a cessé de la diriger dans tous ses actes : en contribuant de son mieux aux progrès des études géographiques dans la région, elle veut travailler, suivant la mesure de ses forces, à l'extension pacifique et à la grandeur de la France.

M. Julien MANÈS, secrétaire général de la Société de Géographie commerciale de Bordeaux, donne lecture du rapport suivant sur les *Travaux du Groupe géographique du Sud-Ouest*.

MESSIEURS,

En 1872, l'Association française pour l'avancement des sciences tenait à Bordeaux sa première session. Désireux de conserver le souvenir de cet événement, et de rendre plus étroite et plus durable l'union qu'avaient établie entre eux ces quelques jours de travaux communs, les membres de cette association qui appartenaient à la région du Sud-Ouest décidèrent la constitution d'un groupe girondin et, grâce aux efforts et à l'activité persévérante de M. le docteur Azam, qui avait tant contribué au succès du Congrès de 1872, l'organisation en fut promptement arrêtée.

Divisé en quatre sections, dont l'une comprenait à la fois l'économie politique, la statistique et la géographie, ce groupe se mit résolument à l'œuvre ; mais pendant que ses trois premières sections, qui faisaient en quelque sorte double emploi avec plusieurs sociétés locales, se développaient avec lenteur, la quatrième section prenait un essor considérable qu'elle dut au regret qu'on éprouvait à Bordeaux, surtout depuis nos désastres, de n'avoir pas encore pour l'étude des sciences géographiques une représentation spéciale. En présence de cette manifestation, il fut décidé, à la date du 3 juillet 1874, que la géographie ferait l'objet d'une section à part et que cette section prendrait le nom de Société de Géographie commerciale.

Pour assurer à la nouvelle société un recrutement aussi large que possible, le Comité provisoire dont M. Foncin, alors professeur de géographie au lycée de Bordeaux, était l'un des membres les plus actifs, décida tout d'abord qu'elle comprendrait non seulement tous les membres du groupe girondin de l'Association française qui désireraient en faire partie, mais encore toutes les personnes étrangères au groupe qui enverraient leur adhésion en s'engageant à payer une cotisation annuelle de 10 francs. La Société de Géographie commerciale de Bordeaux eut ainsi à l'origine deux sortes de membres : des membres titulaires qui, membres de l'Association française pour l'avancement des sciences et du Groupe girondin, n'avaient à payer pour faire partie de la nouvelle société aucun supplément de cotisation, et des membres associés qui, tout en jouissant dans cette Société des mêmes droits que les précédents, restaient étrangers à l'Association française et aux avantages que cette puissante association accorde à ses adhérents.

Dès que le Comité provisoire eut recueilli un certain nombre d'inscriptions, il convoqua une assemblée générale qui ratifia les mesures préparatoires qu'il venait de prendre, constitua définitivement la nouvelle société et procéda à la nomination du Bureau qui devait présider à l'organisation de ses travaux.

Le premier soin du nouveau Bureau fut de notifier aux autres sociétés de géographie françaises et étrangères l'existence de la Société de Géographie commerciale de Bordeaux, de s'assurer du concours des autorités et des consuls résidant dans notre ville, et de rédiger enfin un programme destiné à faire connaître à tous l'œuvre nouvelle, afin de lui attirer dès le début un grand nombre d'adhésions.

Dès le 18 juillet 1874, ce programme était rédigé en ces termes :

« La Société de Géographie commerciale de Bordeaux se propose :

» 1° De recueillir les renseignements géographiques et commerciaux apportés chaque jour à Bordeaux et dans la région par les capitaines de navires, les voyageurs, les négociants; de leur indiquer au moyen de questionnaires les points spéciaux qui doivent attirer particulièrement leur attention.

» 2° De porter à la connaissance des intéressés, et autant que possible du public, ceux de ces renseignements qu'elle jugera dignes d'être mis en lumière;

» 3° De s'entendre à l'étranger avec des représentants qui voudront bien lui adresser des informations particulières;

» 4° De fournir aux voyageurs les moyens de faire connaître au public, soit leurs projets d'exploration, soit les résultats de leurs voyages; de concourir aux études relatives aux voies commerciales existantes ou à créer, etc.;

» 5° De donner aux jeunes gens qui ont reçu une éducation commerciale des renseignements qui pourront faciliter leur établissement à l'étranger;

» 6° De s'entendre avec des journaux spéciaux pour la publication de ses travaux, en attendant qu'elle puisse elle-même entreprendre cette publication;

» 7° De concourir, dans la mesure de ses forces, à la fondation à Bordeaux d'un musée géographique, ethnographique et commercial;

» 8° De concourir également, autant que ses ressources le lui permettront, à l'organisation des expositions publiques qui intéresseront la géographie commerciale.

» 9° D'encourager, soit par des récompenses honorifiques, soit par des prix, les services de tous genres rendus à la géographie commerciale.

» 10° De tenir chaque année une séance publique dans laquelle seront lus un rapport sur ses travaux et une notice sur les progrès accomplis dans les sciences géographiques. »

Tout cela ne pouvait être réalisé sans de longs et persévérants efforts, et aujourd'hui encore, après onze années, nous devons reconnaitre que si la Société de Géographie commerciale de Bordeaux a vaillamment rempli une bonne partie de la tâche que lui ont tracée ses fondateurs, elle a encore beaucoup à faire pour épuiser son vaste programme.

Je ne puis donner, dans cette réunion, une énumération même rapide de l'ensemble de ses travaux. Jé me bornerai à dire que son *Bulletin,* d'abord annuel, paraît régulièrement chaque quinzaine depuis plus de sept années et que son comité de rédaction, à l'origine dirigé par M. Foncin, puis par M. Labroue, et à la tête duquel est aujourd'hui placé M. Gebelin, professeur à la Faculté des lettres de Bordeaux, fait les plus grands efforts pour que cette publication, déjà fort appréciée, acquière de nouveaux titres à la faveur de ses abonnés. J'ajouterai que la Société de Géographie commerciale de Bordeaux accorde chaque année deux prix de géographie pour les classes de mathématiques élémentaires et d'enseignement spécial du Lycée ; qu'elle distribue aux capitaines de navires et aux voyageurs un questionnaire rédigé par elle et dont la deuxième édition sera prochainement épuisée ; qu'elle a fondé, avec le concours de la Chambre de commerce et du Conseil municipal, un prix de 10,000 fr. pour une histoire du commerce de Bordeaux ; qu'elle tient chaque année de nombreuses réunions publiques ou conférences dans lesquelles elle entend le plus souvent possible les voyageurs ou explorateurs qui veulent bien répondre à ses appels ; qu'elle possède, dans un local malheureusement trop étroit, les éléments d'une importante bibliothèque géographique, etc.

Indépendamment de ses réunions générales, elle étudie dans ses commissions des questions intéressantes à plus d'un titre, telles que celles des bureaux nautiques, qui seront exposées par l'un de ses vice-présidents, M. Hautreux, dans l'une des séances ordinaires du Congrès et telles que celles qui ont trait à la terminologie et à la prononciation géographiques dont M. Labroue vous entretiendra tout à l'heure, en sa qualité de président de la commission spéciale qui s'occupe déjà, depuis plus de quatre années, de cette étude importante.

Mais je ne veux pas m'attarder à des détails qui ne peuvent trouver place dans un compte rendu rapide comme celui que j'ai l'honneur de vous présenter, et j'ai hâte d'arriver à une partie de notre œuvre qui vous frappera davantage, je veux parler de celle qui concerne nos sections extérieures.

Dès 1878, sous l'heureuse inspiration de M. Foncin, dont l'initiative bienfaisante apparaît à chaque nouvelle étape de notre Société, son Bureau entreprit d'agrandir son cercle d'action en créant autour d'elle, dans toute la région du Sud-Ouest, des sections ou Sociétés de Géographie, indépendantes entre elles bien que régies par des statuts communs, et qui, rattachées à la section centrale de Bordeaux par les liens d'une solidarité salutaire, n'en devaient pas moins conserver toute leur autonomie. Une série de conférences du savant professeur, qui devait fonder plus tard à Douai l'Union géographique du Nord, eut le plus grand succès et, dans la seule année 1878, trois sections, celles de Bergerac, de Périgueux et de Rochefort étaient fondées. Il est juste de dire que, dans ces villes, M. Foncin avait su trouver pour cette tâche ingrate des collaborateurs de mérite dont le zèle et le dévouement n'ont pas démenti ses espérances ; malgré leur modestie, MM. Labroue, Lambert et Fouquier me pardonneront de rappeler ici la part qui leur revient, non seulement dans la création, mais encore dans le développement de leurs sections respectives. Grâce à leur concours, la Société de Géographie commerciale de Bordeaux se transformait en Groupe géographique du Sud-Ouest, et le nouveau groupe devait bientôt, car le zèle et le dévouement pour les œuvres utiles ont aussi leur contagion, s'accroître de sections nouvelles. En 1879, deux autres Sociétés, l'une à Mont-de-Marsan et l'autre à Agen, sont fondées avec l'heureux concours de MM. Mondiet et Rousselot. L'année suivante, c'est à La Rochelle, puis en 1882, à Blaye, que MM. Beltrémieux et Levesque, secondant les efforts de conférenciers envoyés par la Société de Bordeaux, parviennent à constituer deux autres sections; enfin, en 1883, une Société des plus prospères, habilement préparée par une brillante conférence de M. Labroue sur « le mouvement géographique contemporain », était fondée à Tarbes par les soins persévérants de MM. Larroque et Mazens, professeurs au Lycée. Aujourd'hui, le groupe géographique du Sud-Ouest ne compte pas moins de huit sections, et il en aurait une de plus si en 1879 celle de Rochefort, avec laquelle nous avons conservé depuis les meilleures relations, n'avait réclamé son entière autonomie.

En instituant son premier Congrès régional de géographie, le Groupe géographique du Sud Ouest a eu l'intention de relier plus intimement entre elles et avec la section centrale ses différentes sections, en leur fournissant l'occasion d'examiner en commun, en même temps que les principales questions qui se rapportent aux intérêts généraux du groupe, toutes celles qui touchent plus spécialement à la géographie de la région. Nous aurions voulu voir ici toutes les sections du Groupe représentées par des délégués et entendre ceux-ci, suivant l'usage de nos Congrès nationaux de géographie, nous exposer sommairement les travaux de chacune d'elles. Malheureusement, quelques-unes ont pensé qu'elles étaient trop jeunes pour venir parler devant vous de leurs premiers travaux ; quelques autres ont reculé devant cette tâche par excès de modestie, de sorte que, pour le premier Congrès, c'est au secrétaire général de la Société de Géographie commerciale de Bordeaux que revient l'honneur de vous parler des sections du groupe.

Je le ferai brièvement, car si pour quelques-unes leur activité s'exerce sur des points bien différents de la région, ce sont presque toujours les mêmes moyens qu'elles emploient et les mêmes résultats qu'elles obtiennent pour concourir à la prospérité de l'œuvre commune.

Que pourrai-je dire d'ailleurs de leurs concours de géographie ou de leurs conférences publiques? Ces concours que, pour sa part, la Société de Géographie de Bergerac prépare dans sa circonscription avec tant de soins, grâce au zèle soutenu de son vice-président, M. Pauliet, sont de plus en plus appréciés partout où ils sont organisés. Quant aux conférences publiques, leur succès a dépassé notre attente. Suivies par une affluence croissante d'auditeurs, elles ont attiré à notre Société de nombreux collègues. Je citerai particulièrement notre section de Tarbes, qui a pu organiser cette année une série de douze conférences, et dont le nombre des membres a doublé en quelques mois.

L'année dernière, la Société de Géographie commerciale de Bordeaux célébrait son dixième anniversaire, sous la présidence de son fondateur et président d'honneur, M. Foncin ; aujourd'hui c'est la Société de Géographie de Bergerac, la plus ancienne de ses sections, qui célèbre son septennat en inaugurant ce premier Congrès régional. Nous avons la conviction que, malgré ses lacunes, cette réunion un peu improvisée aura, pour la prospérité du Groupe géographique du Sud-Ouest et la bonne harmonie des Sociétés qui le composent, la plus heureuse et la plus salutaire influence. Nous espérons en outre que ses résultats nous encourageront à transporter une autre année, lorsque nos Congrès nationaux nous laisseront de nouveaux loisirs, nos assises régionales géographiques dans une autre de nos sections.

Pour le moment, Messieurs, permettez-moi, avant de terminer ce rapport général, de remercier M. le Maire de l'accueil qu'il a bien voulu faire à notre Congrès. Nous ne pouvons oublier ici que c'est à lui et à la municipalité de votre ville que nous devons la subvention de 400 francs accordée pour cette session à votre Société de Géographie. C'est encore à eux que nous devons la libre disposition pour nos séances de l'ancienne bibliothèque du lycée. Nous avons aussi à remercier M. le président de la Société des Ouvriers qui a bien voulu nous accorder, pour notre séance d'inauguration et notre conférence publique, la salle du théâtre. Enfin, j'ai à cœur d'adresser un témoignage spécial de gratitude au président de la Société de Géographie de Bergerac, à son vice-président M. Pauliet, et à son Bureau tout entier, pour les soins apportés par eux dans l'organisation de notre premier Congrès régional. Tous, ils ont contribué à assurer la réussite de notre entreprise, et c'est avec la plus vive satisfaction que nous leur exprimons ici, en terminant, au nom du Groupe géographique du Sud-Ouest et de la Société de Géographie commerciale de Bordeaux, la plus entière reconnaissance.

M. Labroue, vice-président de la Société de Géographie commerciale de Bordeaux, professeur au lycée de Bordeaux, donne lecture du rapport suivant, au nom de la Commission de *prononciation et de terminologie géographiques* de la Société de Géographie commerciale de Bordeaux.

Mesdames, Messieurs,
Messieurs les Membres du Congrès,

On rapporte que Colbert se fit un plaisir d'assister un jour à une séance de l'Académie française, entièrement consacrée à une longue et minutieuse discussion sur le mot *ami*.

Ce souvenir d'un grand ministre, d'un homme d'affaires, d'un homme positif, comme on dirait aujourd'hui, nous est revenu à l'esprit au moment où nous nous demandions s'il ne paraîtrait pas oiseux et superflu de traiter, pour la quatrième fois, les questions de prononciation et de terminologie exposées déjà aux Congrès de Bordeaux, de Douai et de Toulouse.

Ce souvenir a été pour nous un stimulant dans la continuation de notre enquête. Puisse-t-il vous engager à prêter un moment votre attention à un sujet sans actualité, qui ne passionne pas les esprits des explorateurs, des géographes, des hommes politiques, comme la géographie coloniale dont le but glorieux est l'expansion de la France et de la civilisation à travers le monde. Mais aussi, Messieurs, n'encourrons-nous pas le reproche de faire ici de la géographie électorale.

Si modeste que soit le travail de notre Commission sur la prononciation et sur la terminologie géographiques, nous continuons à penser qu'il ne sera pas sans quelque utilité pour l'unification de la langue géographique française. Chaque jour nous constatons de tous côtés, avec regret, non seulement des différences de prononciation, mais encore des irrégularités orthographiques et des inexactitudes.

Citons quelques exemples pris dans notre Périgord, ils vous montreront d'une façon plus évidente la nécessité de notre enquête.

Henri Martin dans sa grande histoire de France, Duruy dans son excellent cours d'histoire de seconde, et la plupart de nos historiens distingués, écrivent la paix *de Fleix,* signée *à Fleix,* au château *de Fleix.* Le Fleix est une commune de l'arrondissement de Bergerac, et tout le monde sait dans notre Périgord comment se décline ce nom. On dit *Le Fleix, du Fleix, au Fleix.* Les Parisiens riraient de nous avec raison si nous disions : *Le Mans, de Mans, à Mans.* Pourquoi donc ne pas écrire et prononcer comme on écrit et prononce en Périgord ?

Nous lisions tout récemment sur une affiche de la Compagnie des chemins de fer d'Orléans, imprimée à Paris par ordre d'agents parisiens : Train de plaisir *de Bordeaux... à Le Got.* Comme pour Le Fleix, on dit en Périgord : *Le Got, du Got, au Got.*

Nous sommes heureux de prendre en défaut des académiciens illustres, des historiens distingués et aussi les Compagnies de chemins de fer.

. Puissions-nous attirer leur attention et leur faire comprendre qu'il y a intérêt pour notre langue à unifier la prononciation géographique.

Les Compagnies de chemins de fer, en rayonnant sur la France par leurs indicateurs, par leurs agents; l'Académie, par son autorité et sa haute compétence, pourraient réaliser l'essai que nous avons timidement osé entreprendre.

Citons encore un autre exemple tiré d'une de nos plus importantes Revues parisiennes.

Il est un nom de ville tristement célèbre en France : c'est celui de Sedan. Il a été répété par la France entière dans nos douloureuses angoisses patriotiques; il restera désormais écrit dans les pages de notre histoire et il sera souvent redit par les générations futures. Mais comment doit-on prononcer ce nom? Nous avons trouvé dans la *Revue historique* de janvier-février 1885 un rapport du général de Gallifet. L'auteur de l'article, qui a pour titre *Un dernier mot sur la charge de Sedan,* écrit partout *Sédan.* La *Revue historique* est rédigée avec le plus grand soin par des hommes éminents; sa critique est d'une sévérité connue et estimée, ses jugements font autorité. Devons-nous accepter la prononciation indiquée . dans une revue parisienne dont l'autorité est si compétente, ou faut-il adopter la prononciation locale? M. Bonnière, bibliothécaire de la ville de ˙ Sedan, nous a écrit à ce sujet : « Personne ici ne prononce autrement que Sedan. »

Encore cette fois, félicitons-nous d'avoir à signaler chez nos maîtres des prononciations défectueuses, et tirons-en de nouveau ces conclusions : que des noms de lieux français sont mal prononcés par des Français très instruits; qu'il n'y a pas d'usage parisien bien établi pour la prononciation géographique; que la prononciation géographique parisienne n'est pas toujours la bonne.

Un de nos anciens collègues des plus distingués, aujourd'hui inspecteur d'académie à Paris, qui n'a pas dédaigné de s'intéresser à notre œuvre, a résumé en ces mots le débat : « *Pour la prononciation géographique, le parisianisme absolu est un non-sens.* » Ajoutons que le provincialisme absolu serait aussi un non-sens.

C'est donc à la recherche de la véritable prononciation que doivent tendre tous les efforts des géographes.

Nous n'espérons pas que de ces enquêtes minutieuses, de ces discussions entre géographes et écrivains, il sorte l'unification complète et indiscutable de la langue géographique; mais elles feront mieux connaître la prononciation, et il n'y aura plus de doute pour une foule de noms encore douteux aujourd'hui, même pour des hommes distingués.

Faisons, en somme, pour la géographie, ce que l'Académie et Littré ont fait pour la langue, et alors des Français éminents ne diront plus : de

Fleix, à Le Got, Sédan, Guise, pour du Fleix, au Got, Sedan, Gu-ise; Blaie et Emet pour Blaye et Eymet; Ecouin, Saint-Ouin, pour Ecouan et Saint-Ouan; Enghien pour Engain; Montrichard, Montréjeau, Montravel, pour Monrichard, Monréjeau, Monravel; Sainte-Menehould pour Sainte-Menou; Briey pour Bri, etc., etc., car le nombre des barbarismes géographiques est encore innombrable.

Dans notre dernier rapport présenté au Congrès de Toulouse, nous faisions appel aux géographes, nous les invitions à indiquer dans leurs ouvrages la véritable prononciation des noms douteux et nous citions l'exemple donné par les géographies de Dussieux. Depuis cette époque nous avons lu l'*Etude sur la prononciation française,* par Mme Duperré de Lisle (Paris, Delagrave, 1883), et nous avons vu avec satisfaction que cet écrivain donnait dans son travail une part assez importante à la prononciation géographique française. Citons quelques-uns des noms signalés dans cet ouvrage :

Craon se prononce Cran, Laon (Lan), Laonnais (Lannais), Eure (*eu,* son fermé), Dunkerque (*un,* son nasal), Châteauneuf (on prononce l'*f*), Bourg se prononce avec *k* final (Bourk), Ménilmontant, sans *t* final, Ham (*m* garde le son labial), Riom, l'*m* se prononce comme un *n* (Rion); Aisne, Asnières, Crespy, Cosne, Nesle, Suresnes, Presle, Rosny, Vosges, suppriment l'*s* au milieu du mot; Le Plessis, Villiers-le-Bel, Villers-Cotterets, Doubs, Thiers, Gers, Poitiers, Béziers, suppriment l'*s* finale; Thiers et Gers se prononcent avec un accent grave; Poitiers, Béziers avec un accent aigu. L'*x*, dit Mme Duperré, se prononce comme *ss* dans Aix, Aix-les-Bains, Aix-la-Chapelle, Auxonne, Auxerre (dont le dérivé Auxerrois se prononce Aukserroi, comme s'il y avait *k, s,* à la place de l'*x*).

Comme vous le voyez, Messieurs, Mme Duperré de Lisle a fait plus qu'une enquête, elle a fait des groupements de noms ayant mêmes lettres et même prononciation, elle en a tiré des conséquences et elle a commencé une sorte de réglementation utile aux Français et aux étrangers qui ne connaissent pas les variations de notre langue géographique.

Plusieurs noms, ajoute-t-elle, qui ont la diphtongue *gui,* se prononcent *gu-i,* ex. Güillon, Güise. Nous avions déjà indiqué ces deux prononciations locales dans nos précédents rapports. Plusieurs de nos amis de Paris, hommes de savoir et de distinction, assuraient qu'ils prononceraient volontiers Gu-ise, contrairement à l'usage parisien, disaient-ils, s'il leur était démontré que telle était la prononciation du nom de la famille des Guise. Mme Duperré, dans son traité, indique la prononciation historique de Gui-se. En outre, nous avons appris qu'il y avait eu dans la famille d'Orléans un jeune duc de Guise, et ses parents, fidèles aux traditions de la maison de Lorraine, l'appelaient Gui-se. Cette prononciation nous paraît donc définitivement hors de doute.

Comme vous le voyez, Messieurs, nous avons fait une enquête minutieuse auprès des hommes les plus compétents, et nous avons mis le plus grand soin dans toutes nos recherches.

C'est avec cette même conscience que nous avons préparé la quatrième liste que nous vous soumettrons lundi. Elle comprend 193 noms. Nous ne vous demanderons pas de rendre des décrets; nous voulons seulement que votre approbation sanctionne notre travail après que vous l'aurez discuté. Il contribuera à unifier la langue géographique française. Les lettres qui vous seront communiquées vous montreront que les géographes approuvent notre enquête et qu'ils sont prêts à en tenir compte dans leurs ouvrages.

MM. Perrier de l'Institut, Pigeonneau de la Sorbonne, Malte-Brun,

Grégoire, Joanne, géographes éminents sont venus confirmer l'opinion de MM. Elisée Reclus, Vivien de Saint-Martin, Levasseur, Cortambert, de Rochas qui avaient engagé notre Société à entreprendre ou à poursuivre notre œuvre. M. le commandant de Rochas a même cru devoir en faire l'objet d'une communication au Congrès de l'Association française tenu tout récemment à Grenoble. L'accord est à peu près fait aujourd'hui. Sur plus de 400 noms que nous avons étudiés et présentés aux Congrès de Bordeaux, de Douai et de Toulouse, c'est à peine si sept ou huit sont mis en discussion. Ils restent encore parmi les noms douteux et ils seront compris dans la dernière liste qui formera une révision générale.

Messieurs, je compléterai ce résumé de notre enquête par quelques mots sur la prononciation de deux noms de villes récemment conquises à la domination française.

Pour les pays étrangers, la prononciation locale doit être adoptée le plus possible. Cela devient une des règles de la géographie moderne. Je me rappelle avoir lu une géographie élémentaire de Letronne, publiée en 1829. Quelques-unes des îles de l'Afrique occidentale y étaient ainsi nommées : le Feu, le Pic, Gracieuse. Tout le monde aujourd'hui les appelle Fogo, Pico, Graciosa. La prononciation locale l'a emporté. Elle est aussi très souvent adoptée pour nos colonies. C'est ainsi que nos précédents Congrès ont accepté la prononciation locale de Saïgon (Ségon), malgré le tréma. Pourquoi ne prendrions-nous pas aussi la prononciation locale de Hué et de Son-Tay ? M. Mayer a consacré une note à cette question dans la *Revue géographique internationale* de janvier 1885.

Dutreuil de Rhins, les marins, les missionnaires, tous ceux qui ont fréquenté l'extrême Orient disent Houé. Sontay se prononce Cheun-Taille. Sans adopter complètement cette dernière prononciation, je crois qu'on doit dire au moins Son-taï plutôt que Sontai comme le font un grand nombre de Français.

Nous ne savons si l'usage s'établira en France de dire Houé et Sontaille ; mais notre Commission aura le mérite d'avoir fait connaître la prononciation locale de ces villes devenues françaises.

Il me reste à vous parler de la terminologie. Jamais encore, depuis quatre ans, nous n'avions eu des documents aussi importants à vous soumettre. Nous devons à M. le commandant de Rochas deux lettres remarquables dans lesquelles il discute chacun des termes encore incertains qui avaient été présentés aux précédents Congrès, et il en fait connaître de nouveaux. Un des secrétaires de la Société, M. Mengeot, a bien voulu se charger de lui répondre au nom de la Commission de terminologie. Ce sont ces lettres que nous vous communiquerons lundi ; elles vous montreront le résultat de nos travaux.

Nous espérons ainsi fournir les matériaux d'un vocabulaire dans lequel se trouveront les définitions de certaines expressions géographiques usitées dans les diverses parties de la France et que l'Académie n'a pas encore adoptées.

Les géographes y choisiront les mots nouveaux qui leur paraîtront nécessaires dans la description exacte des accidents de terrain et des phénomènes physiques. Leurs termes auront plus de précision, plus de vérité. S'ils n'en usent pas ainsi, ils le consulteront pour la définition d'expressions locales qu'ils peuvent ne pas connaître encore.

Messieurs, permettez-moi, avant de terminer ce compte rendu, d'adresser des remerciements à M. Élisée Reclus, aux commandants de Rochas et Plazanet, à M. Dupont, de Villiers-le-Bel, pour les importantes communications qu'ils nous ont adressées ; aux savants et aux géographes de distinction, MM. Perrier, général Parmentier, Pigeonneau, Grégoire et Joanne dont les lettres témoignent de l'intérêt qu'ils portent à notre œuvre. Je ne puis oublier nos excellents collègues de Bordeaux, MM. Albert Merle, Bonetti, Bella et Mengeot, dont le concours nous est si précieux.

Grâce à ces géographes éminents et à nos collaborateurs si dévoués, notre œuvre a déjà marché plus rapidement qu'il n'était permis de l'espérer. Les géographes commencent à insérer dans leurs ouvrages les prononciations douteuses; dans sa nouvelle édition du *Dictionnaire des communes,* M. Joanne va faire une introduction sur cette prononciation, et M. de Rochas doit y traiter de l'étymologie des noms de lieux français; enfin, M. Élisée Reclus, dans la seconde édition de sa *Géographie universelle,* a publié un glossaire d'après notre enquête terminologique.

Voilà un premier résultat; il n'est pas sans importance. La Société de géographie de Bordeaux ne peut que s'en féliciter et remercier MM. les Membres du Congrès de l'avoir encouragée dans ses travaux.

M. PAULIET, vice-président de la Société de Géographie de Bergerac, inspecteur primaire de l'arrondissement de Bergerac, fait connaître l'ordre du jour des prochaines séances et la liste des membres de la Commission chargée d'examiner les travaux présentés au concours géographique scolaire.

La séance est levée à cinq heures.

Dans la soirée, les membres du Congrès, heureux de la gracieuse invitation qui leur avait été adressée, se réunissaient dans les salons de la sous-préfecture. Profondément touchés de l'accueil qui leur a été fait, ils prient M. et M^mo Fournier d'agréer l'expression de leur reconnaissance.

DIMANCHE 6 SEPTEMBRE 1885.

Visite du Concours de géographie et du Concours agricole.

Le programme portait : « Excursion aux Eyzies ou visite des travaux scolaires du concours de géographie, et visite du concours agricole. »

L'excursion aux Eyzies n'a pas eu lieu; les menaces d'un temps pluvieux ne l'ont pas permise. La visite du concours agricole, la visite des travaux scolaires du concours de géographie offraient d'ailleurs des éléments d'intérêt abondants et variés. Les travaux géographiques scolaires étaient très nombreux ; un pavillon spécial leur avait été attribué au Jardin Public, où avait lieu également le concours agricole. L'examen de ces travaux a occupé pendant plusieurs séances la Commission chargée de ce soin. Les membres du Congrès ont constaté, avec une vive satisfaction, l'empressement du public vers l'exposition des travaux géographiques scolaires. Des visiteurs en très grand nombre examinaient en détail les cartes exposées, feuilletaient, page par page et avec une attention soutenue, les cahiers des élèves. Cet empressement et cette attention ont continué durant la soirée, les pavillons d'exposition ayant été éclairés.

LUNDI 7 SEPTEMBRE 1885.

SÉANCE DU MATIN.

(Salle du Collège.)

Présidence de M. le commandant BONETTI.

M. *Labroue* : communications diverses. — M. le capitaine *Conte* : topographie panoramique. — M. *Labroue* : prononciation et terminologie géographiques (documents joints au rapport). Discussion. — M. le capitaine *Conte* : le Tonkin ; aperçu de politique coloniale. — M. John *Le Long* : l'émigration et la politique coloniale. — M. *Labroue* : présentation d'ouvrages envoyés par M. de Montour.

La séance est ouverte à neuf heures.

M. LABROUE communique les lettres de M. Foncin, président d'honneur de la Société de Géographie commerciale de Bordeaux, et de M. Marc Maurel, président de la même Société. MM. FONCIN et Marc MAUREL retenus l'un et l'autre au dernier moment par une indisposition, renouvellent par lettre les regrets qu'ils avaient fait parvenir par dépêche. M. Maurel envoie une proposition à soumettre au Congrès. Cette proposition est inscrite à l'ordre du jour de la prochaine séance.

M. LABROUE dépose sur le bureau deux ouvrages envoyés par la SOCIÉTÉ D'ÉTUDES DE TRAVAUX FRANÇAIS : *avant-projet du Canal des deux mers; mémoire à l'appui du projet* et *Réponses au questionnaire posé par la commission d'examen de l'avant-projet.* Il lit une lettre de M. H. CAHEN, administrateur délégué de la Société d'études de travaux français, accréditant auprès du Congrès M. Ferdinand Cahen, secrétaire du Conseil, et M. Georges Dumont, ingénieur. M. Labroue annonce la présence au Congrès de MM. Ferdinand CAHEN et DUMONT, et celle de M. MANIER, membre correspondant de la Société de Géographie commerciale de Bordeaux, professeur à l'université d'Oxford. M. Manier avait présenté, dès 1879, à Bordeaux, un projet de canal entre l'Océan et la Méditerranée et se propose de prendre la parole au sujet du canal des deux mers. — En raison de l'importance de la question du canal des deux mers, le Congrès décide qu'une séance publique sera consacrée à cette question ; la séance publique aura lieu le lendemain mardi, à deux heures de l'après-midi, au théâtre; MM. Manier, Ferdinand Cahen et Dumont y seront entendus.

M. LABROUE dépose sur le bureau les numéros 3 et 6 de la *Revue française de l'étranger et des colonies* et la table des matières des divers numéros de cette revue qui paraît tous les mois depuis le 1er janvier 1885. Ces documents ont été envoyés par M. Édouard Marbeau, directeur de la *Revue française*.

M. CONTE, capitaine au 1er régiment étranger, membre correspondant de la Société de topographie de France, fait part de ses idées relatives à la *topographie panoramique*. Il montre comment on peut transformer un panorama en plan topographique et un plan topographique en panorama. Il fait passer sous les yeux des membres du Congrès, comme exemples de l'application de sa méthode, divers plans panoramiques relatifs au Mexique, à l'Afrique, au Tonkin (panorama de Mexico à Puebla, plans panoramiques de l'oasis de Figuig, de Son-Tay, de la baie d'Along, etc.).

Vous avez pu lire comme moi, dit M. le capitaine Conte, dans la *Revue de géographie* (juin 1885, page 470), qu'il y avait deux écoles de géographie en présence : l'école topographique et l'école géologique.

Pourquoi ces deux écoles? pourquoi ce conflit d'écoles et cette division?

La géographie est une science universelle qui a besoin de l'apport de toutes ses branches et rameaux scientifiques pour se compléter et parfaire son *unité*.

Ainsi sans vouloir ajouter moi-même une nouvelle branche ou une troisième division, l'école panoramique, je viens exposer devant vous une simple méthode d'étude de la géographie. Cette méthode est fondée sur les trois branches ou divisions principales de la géographie qui peuvent se nommer ainsi :

1º La branche topographique, qui est l'étude de la *mesure* de la terre;

2º La branche panoramique, qui est l'étude du décor, de la *figure* de la terre;

3º La branche géologique, qui est l'étude de la *structure* de la terre.

A ces trois branches viennent se souder, pour les compléter et les seconder, beaucoup d'autres sciences mathématiques, telles que :

Se joignant à la topographie : la cosmographie, l'astronomie, la physique, l'arpentage, etc.;

Se joignant à la panoramie : la descriptive, la perspective, la photographie, la litho-chromie, etc.;

Se joignant à la géologie : la chimie, la mécanique, l'hydraulique, etc.

Or donc tout concourt à l'*unité de la géographie*.

L'on pourra bien créer des divisions, des sections de travail, des spécialités dans l'étude de la géographie. Tels la feront physique, commerciale, politique, statistique, voire même coloniale. Tels autres en tireront des déductions historiques, militaires, ethnographiques, même morales ou philosophiques. Mais ce ne sont là que des points de vue spéciaux.

La géologie géographique n'est qu'un engouement du moment ou une mode; l'étude de la géographie est *une*, c'est sur cette unité que j'insiste en affirmant qu'il ne doit y avoir qu'une école, une seule : l'Ecole ou l'Institut géographique.

Je vais à présent vous entretenir de cette troisième branche, la *branche panoramique*, qui paraît délaissée, sans l'être réellement, car c'est elle qui, par l'*imagerie populaire* et artistique à tous les degrés, sert de base à l'étude de la géographie sous toutes ses faces.

Je dis *délaissée sans l'être*, car l'imagerie populaire se charge de multiplier le panorama topographique sous tous ses aspects : la carte-réclame commerciale, la boîte d'allumettes géographique, le bonbon géographique, le mouchoir militaire géographique, la serviette-carte topographique et surtout la couverture du cahier de l'écolier ou du livre d'école.

M. le capitaine Conte indique ensuite les principaux traits de la *Méthode panoramique* appliquée à la topographie. Voici le sommaire de cette méthode :

PANORAMIE TOPOGRAPHIQUE

But de la Méthode panoramique. — Définition. Chiffrer le panorama. Avantages de l'étude panoramique accolée à la topographie.

Etude technique, confection d'un panorama. — I. *Perspective linéaire.* — Définitions techniques. Théorèmes perspectifs.

Exécution du dessin. Horizons panoramiques déroulés. Silhouettes panoramiques selon les pays.

Des échelles panoramiques linéaires. Choix de l'échelle. Echelle de front et de fuite.

Tables de réduction. Des hauteurs et distances apparentes et de leurs mesures.

Des angles d'apparence. Stadia et rapporteur spéciaux.

Construction de l'échelle de fuite ou de profondeur.

Panorama chiffré.

Application des trois échelles sur un dessin quelconque. Du rapport du panorama avec le plan. Panorama accolé au plan. Panorama itinéraire. Panorama circulaire.

Lecture d'un panorama. Cotes. Échelles. Signes conventionnels du panorama.

II. *Perspective aérienne.* — Définition. Échelle. Observations sur la position du soleil.

Gamme des tons. Diapason. Intensités.

Variétés de perspective aérienne selon les pays.

Panoramas à vol d'oiseau. Ballons captifs.

Panoramas géographiques. Instruments d'optique (lunette graduée).

III. *Système d'étude de topo-panoramie à l'usage des écoles militaires et civiles.*

CONCLUSION. — *Étude de la vue.* Appréciation des distances à la vue. Carte des distances.

Tableaux d'observations et calculs. Application pratique du système dans l'armée. Déduction d'aperçus géologiques des silhouettes panoramiques.

Aide apportée par la photographie et la chromo-lithographie à la panoramie militaire. Projections à la lumière oxhydrique de photographies panoramiques agrandies avec perspective chiffrée. Plans reliefs panoramiques en plâtre ou carton pierre, reproduits par la photographie.

Énoncés de problèmes panoramiques perspectifs.

Classement des diverses sortes de panoramas.

C'est, dit en terminant M. le capitaine Conte, par l'imagerie populaire géographique répandue à profusion, multipliée sous toutes les formes, qu'on propagera et qu'on stimulera le mieux l'étude de la géographie et de toutes ses branches. L'honorable M. Foncin, dans son discours d'ouverture du Congrès de Bergerac, a rappelé l'importance de l'imagerie populaire et je suis heureux d'avoir à mentionner et à poursuivre la même idée.

M. Labroue continue ses communications de l'avant-veille au sujet de la *prononciation* et de la *terminologie géographiques*. Il donne lecture de lettres ou d'extraits de lettres adressées à M. Labroue, président de la Commission de prononciation et de terminologie de la Société de Géographie commerciale de Bordeaux, et à M. Albert Mengeot, secrétaire de cette Commission, par M. Élisée Reclus, M. le commandant de Rochas, M. V. A. Malte-Brun, M. L. Grégoire, M. Pigeonneau, professeur à la Faculté des lettres de Paris, M. P. Joanne, M. le colonel Perrier. Il fait distribuer aux membres du Congrès et soumet à leur examen les listes dressées par la Commission et relatives l'une à la prononciation des noms de lieux, l'autre aux termes géographiques.

Voici le texte de ces lettres et de ces listes :

Clarens, 30 janvier 1885.

A Monsieur Labroue.

Monsieur et cher confrère,

. . . .

Pour aider de mon mieux à l'œuvre de la reconquête des noms populaires techniques de géographie, j'ai publié, dans l'édition nouvelle du volume II de la *Géographie universelle,* un *Essai de Glossaire* géographique, avec exemples à l'appui. J'espère que, dans une édition subséquente, cet essai deviendra plus complet et plus satisfaisant. Je crois savoir aussi que la nouvelle édition du *Dictionnaire des Communes,* publié par la maison Hachette, contiendra un travail du même genre, par M. de Rochas. Nul doute que cette œuvre, due à un pareil auteur, n'ait une importance considérable.

Veuillez agréer, Monsieur et cher Confrère, mes salutations cordiales.

Élisée Reclus.

Blois, le 1er mai 1885.

Le commandant de Rochas, chef du génie à Blois,
à Monsieur Labroue.

Monsieur,

Je vous remercie d'avoir bien voulu penser encore à moi pour m'envoyer le résultat de vos travaux, que je suis toujours avec le plus vif intérêt, en regrettant que des occupations multiples m'empêchent d'y prendre part et d'utiliser les nombreux documents que j'avais amassés autrefois.

Laissez-moi cependant vous faire, au courant de la plume, quelques observations que me suggèrent les lettres de MM. Reclus et Hubler.

Cluse. — Je partage l'avis de MM. Reclus et Hubler.

Combe. — *Id.* — A prendre la définition de Littré.

Crêt. — Nous avons déjà le mot la *crête* pour désigner la ligne de faîte, c'est-à-dire la partie supérieure de la ligne de partage des eaux d'une colline, et *sommet* pour désigner le point le plus élevé, ce que nous appelons *suc* dans les Alpes ; il me semble donc inutile de compliquer notre langage topographique *français* de mots inutiles. Le mot *crêt* a sa place dans un glossaire qui donne la signification des différents termes locaux, mais il me semble une superfétation ailleurs.

Tuc a une apparence plus française, il ne faut pas chercher à présenter des mots à l'apparence insolite. Du reste *tuquet* n'est peut-être que la prononciation dure de *tuchet ;* nous avons avec le même sens, en Dauphiné, *truc* et *truchet*, et avec le sens de sommet, *suc* et *suchet*.

Ubac me paraît venir du latin *opacus*, sombre, et non de *lou bach,* qui ne signifie, à ma connaissance, *le bas* en aucun patois. Du reste, dans les pays où le versant nord s'appelle aujourd'hui *ubac* en patois, il s'appelait *ombre* dans les titres anciens où l'on avait la prétention de parler français. Quoi qu'il en soit, ici encore, je pense qu'il est utile qu'on connaisse les significations des mots *soulane* et *ubac ;* mais il me paraît bien plus naturel d'adopter les mots *adret* et *avers*, qui ont le même sens et sont d'une forme moins étrange.

Craste. — Il est inutile de l'introduire s'il signifie simplement petit ruisseau, ruisselet ; il n'en est pas de même si on lui attribue la signification de canal d'égouttement des terres basses.

Jalle. — Même observation.

Doie. — Pourquoi mettre *doie* et *doux ;* il y a toujours confusion entre la confection d'un glossaire explicatif et la constitution d'un vocabulaire topographique. Il faut un seul de ces deux mots pour désigner la source spéciale qui est accompagnée de sa flaque ; j'aime mieux *doie*, qui ne fait pas amphibologie avec *doux*.

Effluent. — Comme Reclus.

Travailleur. — Comme Hübler.

Flachère. — Comme Reclus ; bien que le mot vienne de *flache*, plante marécageuse.

Lède. — Entre-deux des dunes du littoral.

Bétoir. — Je ne crois pas que ce mot soit français, quoi qu'en dise Reclus ; je n'ai pas ici le dictionnaire de Littré. En tout cas, l'étymologie est la *cavité qui boit*, et on dit généralement la *bétoire*. — Mieux vaut en effet l'adopter que *scialet*, qui ne dit rien à l'esprit de la majorité des lecteurs.

Toron. — A quoi bon l'adopter puisque nous avons déjà *motte ?*

Serrière. — N'est point du tout un augmentatif de *serre ;* la terminaison *ère* marque la multiplicité ; ainsi *serrière* signifie un endroit où il y a plusieurs *serres*, mais on aurait bien rarement l'occasion de l'employer.

En revanche, il y a une foule de mots utiles qui vous manquent :

Brec ou *Bric* désigne spécialement un rocher plein de fissures et d'aspérités.

Alp, un pâturage élevé au-dessus de la région des forêts.

Taillante, une crête de montagne étroite comme le taillant d'un couteau.

Sée, la crête plus ou moins longue et unie qui sert de ligne de faîte à la naissance des contreforts. Les sées sont toujours praticables et jouent un grand rôle dans la guerre de montagne.

Peuil. — Renflement d'un chaînon ou contrefort, mamelon détaché sur les flancs de la crête principale.

Baisse, s. f. — Dépression sur le faîte d'une montagne, col très largement ouvert.

Coche ou *Brèche*. — Col étroit.

Coulière, s. f. — Le thalweg; dans les Alpes et les Pyrénées, on dit la *couline* dans ce sens; mais on pourrait changer la terminaison pour éviter la confusion avec colline. Il est probable cependant que le mot allemand est trop passé dans nos habitudes pour qu'on puisse le changer.

Artériale, s. f. — Bras principal d'un cours d'eau.

Béal, s. f. — Dérivation d'un ruisseau (existe déjà).

Sagne, s. f. — Prairie marécageuse sur les montagnes et spécialement près des cols où la pente n'est point encore accusée. — Ces prairies sont tout à fait différentes des marais ordinaires.

Scillère, s. f. — Dépression où s'accumulent les neiges chassées par des vents et qui souvent garde de la neige toute l'année.

Chalanche, s. f. — Couloir d'avalanche.

Bau, s. m. — Rocher escarpé présentant plus ou moins l'apparence d'une muraille.

Baline, s. f. — grotte.

Sangle, s. f. — Bande de terrain étroite et à peu près horizontale formée par la saillie d'un banc dans un escarpement de roches calcaires.

Clapier, s. m. — Amas de débris de roc provenant de la désagrégation des escarpements; les clapiers, qu'on pourrait se contenter d'appeler *éboulis,* constituent dans les hautes montagnes une zone au-dessous des rochers qui forment le faîte. — Les *glaireaux* ont le même sens que *grève;* il n'y a donc pas lieu de proposer ce mot qui désigne les champs de cailloux roulés.

Drèche, s. f. — Surface plate, mais non horizontale, sur le flanc d'une montagne.

Van, s. m. — Surface analogue à la drèche, mais un peu concave (c'est le premier rudiment d'un vallon).

Escarène, s. f. — Pente très raide qui semble *décharnée* par l'action des eaux.

Esquillière, s. f. — Terrain qui glisse ou qui a glissé.

Lavine, s. f. — Terrain couvert par les déjections des torrents d'orage.

Drage, s. f. — Couloir par lequel les montagnards font couler le bois le long des flancs d'une montagne.

Founze, s. f. — Dépression large et profonde du sol (le précipice n'a qu'un côté, la founze en a au moins deux).

Escrin, s. m. — Vallon en cul-de-sac, bout du monde.

Voilà, Monsieur, les noms qui me reviennent en mémoire et qui sont *tous en usage* dans les Alpes. Voyez, faites votre choix, et croyez à mon entier dévouement.

A. de ROCHAS.

Bordeaux, 30 juin 1885.

A Monsieur le commandant de Rochas.

Monsieur,

Je vous ai adressé le dernier compte rendu de notre Commission de terminologie et de prononciation géographiques, et M. Labroue m'a communiqué votre lettre du 1er mai afin d'y répondre, comme secrétaire de la Commission.

C'est peut-être un peu de hardiesse de venir discuter avec un maître en pareille matière, aussi me bornerai-je à quelques réflexions.

Tut, s. m. — Je partage votre avis et celui de Reclus; nous devons écrire *tuc*. On emploie souvent le mot *tuque* ou *truque* dans le même sens, en Périgord par exemple et dans les environs de Nîmes. En vieux français on disait *tuquet*, qui existe encore et qui a poussé M. Hubler à écrire *tuq*.

Ubac se prononce *oubac* et presque toujours *oupac*. C'est ce qui portait notre collègue le commandant Plazanet à nous soumettre, il y a quelques semaines, l'étymologie de *opacus*, ayant ainsi la même idée que vous. La prononciation étant différente de l'orthographe adoptée, il vaut mieux, en effet, abandonner ce mot.

Soulane est le mot patois *soulaille*, francisé, et il n'en est pas plus beau pour cela, mais il est assez communément employé. Dans le Quercy, on appelle *soulaillon* ou *souleillon*, tout terrain exposé au Midi.

Les mots *adrét* et *avès* ou *avers* sont employés dans le patois languedocien dans le même sens que *soulane* et *ubac*. Ce dernier mot se dit concurremment avec *avès*, mais *soulane* y est, je crois, inconnu.

Le mot *avers* est français, bien que Littré ne le cite pas. On appelle *avers*, en français, le revers ou côté de la face d'une monnaie; ce serait pour moi une double raison pour adopter *adret* et *avers* dans notre vocabulaire.

Craste. — C'est bien un canal d'égouttement des terres basses.

La *jalle* est une petite rivière *étroite;* l'eau en est souvent bourbeuse, mais le fait n'est pas général. Peut-être pourrait-on supprimer ce mot.

Quoi qu'en dise Reclus, je crois que *doie* est employé plus généralement que *doux*, et surtout plus connu, si j'en juge par les renseignements que j'ai reçus. *Doie* m'a été indiqué et jamais *doux*.

Travailleur est maintenant trop employé, adjectivement bien entendu, pour le supprimer.

Toron (doit venir du latin *turris*), qui se prononce *touron* en Périgord et qui devrait peut-être s'écrire ainsi, *touron*, n'est pas une simple motte. C'est une butte dont l'extrémité supérieure est en forme de tour. Je crois que, dans ces conditions, ce mot pourrait être accepté dans notre vocabulaire. En Béarn, on dit *touroun*.

Serre. — La *serre* est-elle simplement un coteau allongé? ou ne serait-elle pas plutôt un coteau allongé et *dentelé?*

Nous appelons *estey* les ruisseaux sujets au flux et au reflux de la Gironde. Ce mot pourrait donc, dans notre vocabulaire géographique, désigner, comme le demande Reclus, les ruisseaux à marée.

Bétoire, s. f. (et non pas bétoir) est français; je le trouve dans Littré sous la rubrique *bétoire* ou *bétoure* et signifiant, dans l'Avranchin et en général dans la Normandie, un puisard établi pour absorber les eaux d'un jardin, d'une cour, etc. Par extension, ce mot peut donc, mieux que tout autre, indiquer ces trous profonds des montagnes, qui sont généralement cachés par des fougères ou des broussailles et qui servent à absorber les eaux. Nous prendrons donc *bétoire* de préférence à *scialet*.

Emposieu est également français; c'est le nom donné dans le Jura à des cavités en forme d'entonnoir où les eaux s'engouffrent pour reparaître sous forme de sources abondantes dans les vallées inférieures.

Le mot de *ru* n'indique peut-être pas seulement un filet d'eau dans une coupure du sol; dans le pays de Gex et le canton de Vaud, ce serait un torrent. Peut-être y a-t-il erreur de mon côté; nous tâcherons d'éclaircir ce point avec Reclus. Ne pouvez-vous nous renseigner là-dessus?

Je vous remercie maintenant de la seconde partie de votre lettre et nous ferons largement usage des mots que vous nous signalez.

Nous avons déjà, dans notre premier rapport, signalé la *taillante* sous la définition suivante : arête vive et allongée du sommet.

Aussi la *sagne :* espace marécageux dans les montagnes provenant du manque d'écoulement des sources.

Brèche est déjà français ; si *coche* est synonyme, croyez-vous qu'il soit utile de l'introduire dans notre vocabulaire ?

Balme est aussi employé en catalan dans le sens de grotte. Si c'est la signification sans autre spécification, je ferai la même remarque que pour *coche.*

Clapier. — Peut-être pourrions-nous nous contenter d'*éboulis* sans adopter ce nouveau mot, sous peine de nous faire traiter de trop hardis réformateurs du langage géographique. Il n'en est pas de même, je crois, de *coulière,* et nous pourrions, pour ce mot, affronter les récriminations de quelques géographes pour tâcher de faire remplacer ce mot allemand de thalweg qui ne dit rien, qui est mal formé et que nous serions heureux de rendre à nos voisins.

Le mot *bau* ne devrait pas seulement s'appliquer aux rochers que l'on trouve dans les montagnes, mais à tout rocher escarpé d'une hauteur relativement assez grande (comme on en trouve en Périgord, par exemple, arrondissement de Sarlat) et qui présente plus ou moins l'apparence d'une muraille.

Voici maintenant divers mots qui m'ont été signalés et sur lesquels je serais heureux d'avoir votre appréciation.

Hourquette. — Passage étroit dans une crête rocheuse (employé dans les Pyrénées).

Vannon. — En montagne, s'applique à une petite cuvette à peu près close avec un puits tari ou une source à sec au fond. C'est presque l'inverse du *molard* (employé en Bresse et dans l'Est).

Bief. — Cours d'eau minuscule, naturel ou fait de main d'homme (employé en Bresse).

Pène. — Endroit où se trouvent deux rochers à pic, en face l'un de l'autre et formant comme un portique (ex : la pène d'Escot, Basses-Pyrénées).

Berle, s. f. — Dans le Médoc, on appelle ainsi le cours d'eau, navigable ou non, que le courant des eaux se fraye au milieu d'un marais, de ces marécages si fréquents dans ces contrées, pour venir se jeter dans un étang ou réservoir. Ce nom figure sur un plan cadastral de la fin du xviiie siècle, et est fréquemment employé dans l'acception indiquée par le service vicinal de la Gironde.

Le mot de *crassat* indiquant les hauts fonds formés par les huitres qui ont pris naissance sur les bancs, et qui se découvrent à mer basse, est, je crois, trop connu pour avoir à le signaler.

Estran, s. m. — Est un terme en usage sur le littoral de notre département et désigne la portion du rivage laissée à découvert aux marées de vives eaux.

Sur le même littoral, on appelle *lugne* et *baïne* un bas fonds de forme semi-circulaire, créé par un courant particulier qui a sa direction du nord au sud et qui est causé par la corrosion du rivage au moment de la grosse mer.

On appelle *tonats* de petits ilots de 20 à 30 mètres de large sur 40 à 80 mètres de long et formés par les atterrissements des vases de la Gironde. Ces vases offrent une certaine résistance et doivent, je crois, leur nom de *tonats* à des roseaux qui les couvrent. Aux grandes marées, ils sont entièrement recouverts; aux marées ordinaires, les roseaux seuls paraissent au-dessus de la surface des eaux.

Par *reillonnats,* on entend l'espace laissé libre entre la Gironde et la digue protectrice des inondations; ces alluvions salées produisent une herbe luxuriante qui forme un excellent pâturage; c'est le vrai *pré salé.*

Le terme de *mattes* sert à désigner les terrains d'alluvions conquis sur la Gironde; le sol des mattes n'est pas vaseux, car elles sont préservées des invasions du fleuve par une digue continue. — Les mattes ont été successivement des *tonats,* puis des *reillonnats,* avant d'arriver à leur troisième transformation.

Chenal. — On appelle *chenal* en Médoc un canal de dessèchement naturel.

Nauves. — On appelle *nauves* dans le Périgord et dans les Charentes (tout au moins sur les frontières de la Dordogne) des prairies mouillées ou humides.

Joanne cite les entonnoirs où se perdent les eaux sous le nom de *gobios;* je ne sais jusqu'à quel point le sens de ce mot est différent de *bétoire* ou d'*emposieu.*

Tous ces mots vous serviront peut-être, car M. Elisée Reclus croit savoir que vous préparez un *Essai de glossaire* géographique pour être publié dans la nouvelle édition du *Dictionnaire des communes* édité par la maison Hachette. Si cela est exact, je désire vivement que les travaux de notre Commission puissent vous être utiles. Élisée Reclus aurait, paraît-il, publié un travail du même genre dans l'édition nouvelle du volume II de sa *Géographie universelle.* J'ai le regret de n'avoir pas la dernière édition de ce volume pour m'en rendre compte, mais je vous signale ce fait.

Veuillez agréer, Monsieur, l'assurance de mes sentiments les plus distingués.

Le Secrétaire de la Commission de terminologie
et de prononciation géographiques.

A. MENGEOT

Blois, 3 juillet 1885

Le commandant de Rochas, chef du génie à Blois,
à Monsieur Mengeot.

Monsieur,

Je m'empresse de répondre aux différents articles de votre lettre du 30 juin.

Adret et *Avers.* — A adopter.

Craste. — A adopter.

Travailleur. — A adopter.

Il ne faut pas confondre *le serre* avec la serre qu'on appelle en langue d'oc la *seya,* la sea.

Le premier est un *coteau allongé,* le second une *crête dentelée.*

En castillan ces deux mots avec leurs sens respectifs se retrouvent sous les formes : *cerro,* colline; *sierra,* chaîne de montagnes escarpées et dentelées.

Mon avis est qu'il faut introduire les deux mots :

Le *serre.* — Coteau allongé.

La *sierre.* — Chaîne de montagne à crête dentelée.

Estey. — Ruisseau à marée. — A adopter; ce mot a même racine que les mots *estuaire* en France, et *estuary* en Angleterre, qui désignent un golfe de forme très allongée qui se remplit d'eau à marée haute et se vide à marée basse.

Bétoire. — A adopter (tient lieu d'*emposieu*).

Ru. — Désigne un cours d'eau quelconque; il a la même racine que ρεω, couler. Il est inutile puisque nous avons *rivière, ruisseau, torrent*. Il s'agit de distinguer entre un *glossaire* donnant l'explication de tous les termes à employer et une *nomenclature* destinée à devenir d'un emploi général; c'est cette nomenclature que nous cherchons à faire.

Taillante. — A adopter.

Sagne. — A adopter.

Brèche. — N'a pas tout à fait le même sens que *coche* qui signifie un col étroit même sans escarpements latéraux, mais il peut suffire.

Balme. — N'a pas le même sens que caverne; il désigne proprement une grotte dans une paroi escarpée, dans un *bau;* mais il peut être supprimé.

Clapier. — Ce mot signifie l'amas de fragments de roches formées peu à peu par l'influence désorganisatrice des gelées sur les rochers voisins, tandis que *éboulis* est un éboulement de terre et de roches mélangées, provenant le plus habituellement des pluies; je propose de conserver *clapier* et *éboulis*.

Coulière. — A soutenir vigoureusement pour mettre *thalweg* à la porte.

Bau et non *Ban* est un rocher à paroi presque verticale, où qu'il se trouve.

Hourquette (du latin *Furca*). — A conserver, mais il vaudrait mieux ne pas prendre le diminutif et introduire *Hourque*, en indiquant ensuite le diminutif.

Van se dit dans les Alpes dans le même sens que *vannon;* à introduire en indiquant également le diminutif.

Bief est déjà français dans le sens de canal de dérivation.

Pène. — Signifie, dans tous les pays de langue d'oc, rocher plus ou moins escarpé. Il est très usité comme synonyme de montagne et il est de la même famille que le breton *Pen* qui signifie tête. Il n'y a pas lieu de l'introduire d'aucune façon.

Berle. — A adopter.

Crassat. — A signaler pour les gens qui n'habitent pas la Guyenne. Je ne le connaissais point et ne l'ai pas trouvé dans mes recueils.

Estran, tonal, reillonnat, malte ne peuvent en effet prendre place que dans un glossaire.

Nauve. — Peut être introduit dans le sens de prairie inondée; en vieux français on disait *nave, nove, nive* ou *navie;* en espagnol on dit *nova*.

Gobio ou *Gabiot*. — Est une eau stagnante de petite dimension, une petite mare. Il n'y a pas lieu de l'introduire puisque nous avons *mare*.

Je me propose, en effet, de résumer, dans la préface du nouveau *Dictionnaire des communes* de Joanne, les principaux résultats aujourd'hui admis pour l'étymologie et l'orthographe des noms de lieux et je vous remercie des renseignements que vous avez bien voulu me fournir.

Dans quelques jours, au Congrès de l'Association française à Grenoble, je poserai l'état actuel de la question et naturellement j'exposerai les travaux de votre Commission.

Veuillez agréer, Monsieur, l'expression de mes sentiments les plus dévoués.

A. de ROCHAS.

Voici encore trois mots qu'on pourrait proposer parce qu'ils sont bien connus :

Meurgey, s. m. — Tas de pierres; ces meurgeys forment quelquefois de véritables monticules par suite de l'habitude qu'ont les cultivateurs, depuis des siècles, d'y porter toutes les pierres qu'ils tirent de leurs champs.

Cordillère, s. f. — Chaînes de montagnes en ligne droite (Espagne).

Cévenne, s. f. — Montagne ou colline à flancs escarpés (Quercy).

A. DE R.

Marcoussis (Seine-et-Oise), 30 juin 1885.

A Monsieur A. Mengeot.

Monsieur et honoré confrère,

En réponse à votre lettre du 26 juin qui me parvient ici, à ma résidence d'été, je m'empresse de vous témoigner tout l'intérêt que je porte aux estimables travaux de la Commission de terminologie et de prononciation géographiques. Le but qu'elle poursuit est certainement très utile, et il y a longtemps que je déplore le peu d'accord que présentent sous ce rapport les meilleurs ouvrages géographiques.

Je suis, pour ma part, tout disposé à vous seconder en faisant prévaloir dans les plus prochaines réimpressions de mes ouvrages les résultats des décisions de la Commission relative aux prononciations locales.

J'irai à Paris dans quelques jours, j'y trouverai les rapports que vous avez bien voulu m'adresser rue Jacob, et je vous promets de les lire et de les étudier avec soin.

Si d'ailleurs la lecture de ces rapports me suggérait quelque réflexion ou observation que je crusse utile, je m'empresserais de vous en faire part.

Veuillez agréer, Monsieur et honoré confrère, la respectueuse expression de toute ma considération.

V.-A. MALTE-BRUN.

2 juillet 1885.

A Monsieur A. Mengeot.

Monsieur,

Pardonnez-moi si je n'ai pas répondu de suite à votre aimable lettre; mais je tenais à lire avec soin les notices que vous m'avez envoyées, et depuis quinze jours tout mon temps a été pris par la correction des compositions faites par les candidats à l'Ecole de Saint-Cyr.

Comme vous, je pense qu'il est bon d'indiquer la véritable prononciation des noms géographiques; c'est ce que j'ai commencé à faire pour quelques noms (Oleron, île d'Aix, etc.), et ce que je me propose de faire plus complètement dans les nouvelles éditions de mes livres de géographie.

Mais je vous avouerai qu'il est souvent fort difficile d'indiquer la véritable prononciation des noms géographiques, même pour la France. Ainsi je sais bien que beaucoup prononcent *Tar* le nom de *Tarn;* mais, à Paris, on s'exposerait à faire rire si l'on disait le département du *Tar*. Pour les pays étrangers, c'est chose qui me paraît encore plus difficile, et l'on est souvent fort embarrassé pour savoir même l'*orthographe* des noms étrangers, en Allemagne, en Hongrie, en Russie, etc.; car beaucoup de villes ont plusieurs noms tout à fait différents et dont l'orthographe n'est pas même bien arrêtée dans le pays. Dans les cartes d'un atlas général que je vais publier, j'ai essayé de mettre souvent à côté du nom usité en France le nom employé dans le pays : Cologne (Köln), Ratisbonne (Regensburg), etc.; mais il y a encore là de grandes difficultés; ainsi, faut-il écrire par exemple, *Tromsö,* comme on écrit en Norvège, ou *Tromsœ,* comme on prononce? etc., etc.

Je n'ai pas malheureusement le temps de vous écrire tout ce que je pense au sujet des réformes géographiques; mais je vous prie de croire, Monsieur, que je porte un véritable intérêt à vos travaux; veuillez accepter l'assurance des meilleurs sentiments de votre tout dévoué.

L. GRÉGOIRE.

Paris, le 7 juillet 1885.

A Monsieur A. Mengeot.

Monsieur et cher confrère,

J'ai lu avec un très vif intérêt les rapports que vous m'avez envoyés; je n'ai pas le temps, en ce moment d'examens, de les discuter en détail; mais je veux pourtant vous prouver ma bonne volonté en résumant mon opinion sur les points en litige.

Ces points me paraissent se réduire à trois :

1° La prononciation des noms géographiques français;

2° La prononciation et l'orthographe des noms étrangers;

3° L'introduction dans la nomenclature géographique d'un certain nombre de termes patois qui n'ont pas de synonymes en français.

Pour le premier point, je crois, comme M. E. Reclus, que les mots entrés dans la langue courante et qui sont devenus d'usage général ne sauraient être mis en discussion; je prononcerai donc Culoz et non *Cule,* Bordeaux (ò) et non *Vordoxe,* Strasbourg (our) et non *Strasbourche.* J'irai plus loin : partout où la prononciation n'est pas locale ou parisienne, mais française (car il y a une prononciation française comme il y a une langue française), partout où l'abécédaire qui ne varie pas que je sache, de Bordeaux à Nancy et de Paris à Marseille, me fournit une règle fixe, universelle et confirmée par l'étymologie, je n'hésiterai pas à l'appliquer. Ainsi *mer* au commencement d'un mot ne se lit nulle part *mé* ou *mel;* je prononcerai donc *Mer*lerault et non Mélerault ou Mellerault; la *mer* se prononce *merre* et non *mé;* je dirai donc Longe*mer* (erre), Retourne*mer* (merre) et non Longemé et Retournemé, bien que les Lorrains prononcent ainsi et que pour les paysans normands la mer soit la *mé.* En dépit de toutes les municipalités du monde, *gne* se prononce *gneu* et non *neu.* Je dirai en conséquence Compiè*gne* et non Compiéne. De même je dirai *Tarne* et non *Tar* parce que la forme latine est *Tarnis.*

En résumé, je n'adopterai la prononciation locale qu'à défaut d'une règle positive fondée soit sur l'usage, soit sur la prononciation normale, soit sur l'étymologie du mot. Je ne parle pas de l'orthographe; elle est fixée par le

Bulletin des lois ou par des documents officiels comme les cartes de l'état-major, à des exceptions près.

2° Pour les mots étrangers, il faut distinguer deux cas : 1° celui où la langue à laquelle ils appartiennent a le même alphabet que la nôtre ; 2° celui où elle a un autre alphabet ou pas d'alphabet du tout, comme le chinois ou les dialectes des sauvages africains, papous, etc., qui n'ont même pas de système d'écriture.

Dans le premier cas, la règle générale est pour moi de suivre exactement l'orthographe et la prononciation indigènes, à moins qu'il ne s'agisse de noms consacrés par l'usage, souverain là comme ailleurs. Je dirai *Cologne* et non *Kœln*, *Mayence* et non *Mainz*, *Londres* et non *London*, *Naples* et non *Napoli*, quitte à indiquer entre parenthèses l'orthographe véritable du mot.

Dans le second cas, nous n'avons à nous préoccuper que d'une chose : rendre le plus fidèlement possible la prononciation du mot, sans nous attacher à une orthographe qui n'existe pas et surtout sans copier l'orthographe anglaise ou allemande, comme nous le faisons trop souvent. Si *Phnum-Penn* doit se prononcer *Pnom-Penn*, écrivons-le *Pnom-Penn*, et si *Tong-King* doit se prononcer *Tonkin*, écrivons-le *Tonkin*. C'est tout à la fois facile et pratique, pour les mots dont on connaît la véritable prononciation ; pour les autres, il faut bien se résigner à les écrire au hasard : efforçons-nous de nous renseigner le plus vite et le mieux possible.

3° Je ne suis nullement opposé à ce qu'on emprunte aux dialectes locaux des mots expressifs, vraiment utiles et qui n'ont pas de synonymes en français ; mais il faut être très prudent dans le choix de ces mots, sous peine de faire de la langue géographique un abominable patois composite qui rappellerait les beaux jours de la tour de Babel. Sans quoi, nous verrions bientôt des phrases comme celle-ci : La *jalle*... descend du *crêt* qui domine la *combe* de..., et, après avoir traversé les *paluds*..., elle se perd dans une *flachère* de *lèdes* dont les *effluents* sont l'*estey* de... et la *craste* de..., et ainsi de suite.

Je serai heureux si je puis contribuer pour une petite part à vulgariser les travaux de la Société de Géographie commerciale de Bordeaux ; mais dans la mesure que je vous indique, et qui, je crois, ne s'éloigne pas trop des conclusions adoptées par la Société.

Croyez, Monsieur et cher Confrère, à mes sentiments de très cordiale et très sincère sympathie.

H. PIGEONNEAU,
Professeur à la Sorbonne.

Paris, 8 juillet 1885.

A Monsieur A. Mengeot.

Monsieur,

Veuillez m'excuser si je suis en retard pour vous remercier de votre envoi, mais j'avais deux volumes à terminer qui ont absorbé tout mon temps.

J'avais eu, en effet, il y a six ou huit mois, une conversation avec M. Élisée Reclus au sujet de la prononciation des noms de lieux. Mais après avoir mûrement réfléchi sur cette question et en avoir causé avec différentes personnes, j'ai renoncé à cette idée. De même pour les étymologies; sur ce dernier sujet, M. le commandant de Rochas se bornera à rédiger une notice pour l'introduction; peut-être ferai-je de même pour la prononciation.

Bien entendu que, pour certains mots comme *Vs,* je mettrai la prononciation à l'article. Pour le reste, il y aurait trop de lacunes et, parmi les gens compétents, il existe encore trop de divergences. Nous attendrons donc que les travaux de votre Société soient plus avancés.

Veuillez agréer, Monsieur, avec mes remerciements, l'assurance de mes sentiments les plus distingués.

P. JOANNE.

Paris, 27 juillet 1885.

A Monsieur A. Mengeot.

Monsieur,

J'ai lu avec attention les notes et rapports que vous m'avez adressés sur la prononciation des noms géographiques, et voici quelles seraient mes conclusions, si j'étais appelé à discuter cette question importante :

1º D'une manière générale, adoption de la prononciation locale, si cette prononciation est à peu près conforme à l'orthographe adoptée.

2º Adoption de la prononciation en usage (ou parisienne, si vous voulez), si l'usage a prévalu, pour quelques termes particuliers, contre la prononciation locale, ou si celle-ci est par trop discordante avec l'orthographe adoptée.

Tant que l'orthographe et la prononciation locale ne seront pas d'accord, vous n'empêcherez pas, non seulement un Parisien, mais un Français quelconque de prononcer un mot à sa manière, suivant les règles de la prononciation française.

La solution que vous recherchez est là tout entière, et c'est aussi celle qui conviendrait aux noms étrangers. Écrivez en effet :

London   et non pas *Londres,*
Lisboa   —   *Lisbonne,*
Regensburg   —   *Ratisbonne,*

et les noms des villes étrangères, s'ils ne sont pas toujours bien prononcés malgré cette réforme, resteront du moins reconnaissables.

Je ne vous en dis pas davantage sur ce sujet, étant accablé de besogne. Permettez-moi toutefois de vous citer un terme très employé dans notre carte d'état-major (région de l'Auvergne), le terme *Buron,* et pour apporter un renseignement nouveau à vos recherches, de vous signaler la prononciation locale

d'*Alais*   *Alèss,*
Uzès   *Uzèss,*

que les Parisiens prononcent *Alè* et *Uzè.*

Quoi qu'il en soit, et malgré la petite divergence qui nous sépare, j'applaudis à tous vos efforts et je vous félicite bien cordialement de vouloir traiter à fond cette importante question.

Veuillez agréer, Monsieur, l'assurance de mes sentiments très dévoués.

F. PERRIER.

Suivent les listes dressées par la Commission de terminologie et de prononciation géographiques de la Société de Géographie commerciale de Bordeaux.

SECTION DE PRONONCIATION

Accous	se prononce	**Accousse.**
Agenvillers	»	**Aginvillé.**
Agnetz	»	**Agnèce.**
Aillevillers	»	**Aillevilaire.**
Albert (Somme)	»	**Alber.**
Allaines (Somme)	»	**Alaine.**
Allenay	»	**Al'né.**
Allonne (Oise)	»	**Alonne.**
Allonville (Somme)	»	**Alonville.**
Andechy	»	**And'chy.**
Ansauvillers	»	**Ansauvilé.**
Apremont (Oise)	»	**Apremon.**
Arjuzanx	»	**Arjuzan.**
Arrest	»	**Arrêt.**
Arry	»	**Ari.**
Arvillers	»	**Arvilé.**
Asnières-sur-Oise	»	**Anière.**
Aspet	»	**As'pet'.**
Ault	»	**Aul.**
Baillet	»	**Baillé** (*ll* mouillées).
Baizieux	»	**Bézieu.**
Barberie	»	**Barb'rî.**
Baudreix	»	**Baudrèche.**
Bedous	»	**Bedousse.**
Behen	»	**Behan.**
Belleuse	»	**Béleuse.**
Belloy (Seine-et-Oise)	»	**Béloi.**
Belloy (Somme)	»	**Béloi.**
Berneuil (Somme)	»	**Berneuille.**
Bessancourt	»	**Béçancour.**
Béthemont	»	**Bet'mon.**
Bettembos	»	**Bétambô.**
Billancourt	»	**Bilancour.**
Blancfossé	»	**Blanfossé.**
Boismont (Somme)	»	**Boimon.**
Bosquel	»	**Bôquel.**
Bougarber	»	**Bougarbè.**
Bouquemaison	»	**Boucmaison.**
Bouqueval	»	**Boucval.**
Boves	»	**Bove.**
Bresle	»	**Brêle.**
Brombos	»	**Brombô.**

BROQUIERS	*se prononce*	**Broquié.**
BURES (Seine-et-Oise)	»	**Bur.**
BUS (Somme)	»	**Bû.**
BUSSUS	»	**Bussû.**
CAIX	»	**Cai.**
CANDAS	»	**Candâ.**
CAOURS	»	**Cour.**
CASSABER	»	**Cassabé.**
CATHEUX	»	**Catheu.**
CHAULNES	»	**Chaune.**
CHARS	»	**Char.**
CHENNEVIÈRES (Seine-et-Oise)	»	**Chèn'vière.**
CHOQUEUSE-LES-BESNARD	»	**Choqueuse-les-Bênar.**
CLAIRY-SAULCHOIX	»	**Clairi-Sauchoi.**
COCQUEREL	»	**Cocrel.**
CONTEVILLE (Oise)	»	**Cont'ville.**
COTTENCHY	»	**Cotinchy.**
COULLEMELLE	»	**Coul'mel.**
COYE	»	**Coi.**
CRÉMERY	»	**Crém'ri.**
CREST (Drôme)	»	**Crè.**
CREVECOEUR (Oise)	»	**Crèvecœur.**
DAOURS	»	**Dour.**
DAVENESCOURT	»	**Davenêcour.**
DOMÉLIERS	»	**Domélié.**
DOMESMONT	»	**Domémon.**
DOMLÉGER	»	**Donlégé.**
DRESLINCOURT (Somme)	»	**Drêlincour.**
DROMESNIL	»	**Dromênil.**
EPEHY	»	**Epî.**
ERQUERY .	»	**Ercry.**
ESCOT	»	**Es'cot'.**
ESMÉRY-HALLON	»	**Eméri-Halon**
ESPAUBOURG	»	**Epaubour.**
ESQUENNOY	»	**Equennoi.**
ESTAING (Hautes-Pyrénées)	»	**Estangue.**
ESTRÉBŒUF	»	**Etrébœuf.**
ETELFAY	»	**Etelfa-i.**
ETSAUT	»	**.Et'saut'.**
ETINEHEM	»	**Etinan.**
FAY (Somme)	»	**Fa-i.**
FESCAMPS	»	**Fêcan.**
FORMERIE	»	**Form'rî.**
FOUQUENIES	»	**Fouc'-nî.**
FRANCASTEL	»	**Francâtel.**
FROHEN-LE-GRAND	»	**Frohan-lé-Gran.**
GAUDECHART	»	**Gaud'char.**
GOUSSAINVILLE (Seine-et-Oise)	»	**Gouçainville.**

Gouvieux	*se prononce*	**Gouvieu.**
Grandvilliers (Oise)	»	**Granvillié.**
Grez (Oise)	»	**Gré.**
Groslay	»	**Graulai.**
Gueschard	»	**Guêchar.**
Hardivillers	»	**Hardivilé.**
Hasparren	»	**Hasparrin.**
Hesbécourt	»	**Hêbécour.**
Hescamps-Saint-Denis	»	**Hêcan-Saint-Denî.**
Hétomesnil	»	**Hétomênil.**
Igny (Seine-et-Oise)	»	**I-gni.**
Lamorlaye	»	**Lamorlai.**
La Neuville-en-Hez	»	**La Neuville-en-Hé.**
La Vacquerie (Oise)	»	**La Vacrî.**
Le Boisle	»	**Le Boile.**
Le Coudray-Saint-Germer	»	**Le Coudrai-S**t**-Germère.**
Le Crocq	»	**Le Croc'.**
Le Gallet	»	**Le Gallé.**
Le Hamel (Oise)	»	**Le Hamelle.**
Le Mazis	»	**Le Mazî.**
Le Mesnil-Aubry	»	**Le Mêni-Aubri.**
Le Mesnil-Saint-Firmin	»	**Le Méni-Saint-Firmin.**
Le Plessis-Gassot	»	**Le Pléci-Gaceau.**
Le Quesnel (Somme)	»	**Le Quênel'.**
Le Quesnel-Aubry	»	**Le Quênel'-Aubri.**
Lihus	»	**Lihuce.**
Louvres	»	**Louvre.**
Maffliers	»	**Mafflié.**
Maisnières	»	**Mainière.**
Marissel	»	**Maricel.**
Marlers	»	**Marlé.**
Maulers	»	**Maulerre.**
Maysel	»	**Maï-sel.**
Méneslies	»	**Ménêlî.**
Milly (Oise)	»	**Milli** (*ll* mouillées).
Moisselles	»	**Moicel.**
Moliens	»	**Molien.**
Montlignon	»	**Monli-gnon.**
Montmagny	»	**Monma-gni.**
Montmorency (Seine-et-Oise)	»	**Monmorenci.**
Montrelet	»	**Mon-trelet.**
Montreuil-sur-Brèche	»	**Mon-treuil.**
Montsoult	»	**Mon-sou.**
Morcenx	»	**Morcinss.**
Mory-Montcrux	»	**Mori-Moncrû.**
Mours (Seine-et-Oise)	»	**Mour.**
Nampty	»	**Nanti.**
Naours	»	**Nour.**

Navarrenx	*se prononce*	**Navarrinss.**
Nay (Basses-Pyrénées)	»	**Naï.**
Nesle	»	**Nêle.**
Nibas	»	**Nibâ.**
Noyers-Saint-Martin	»	**Noyerre-Saint-Martin.**
Nyons	»	**Nionce.**
Oresmaux	»	**Orêmau.**
Orthez	»	**Orthéss.**
Oursel-Maison	»	**Ourcel-Maison.**
Paillart	»	**Paillar** (*ll* mouillées).
Pendé	»	**Pindé.**
Peyrehorade	»	**Peï-re-orade.**
Pierrefitte (Oise)	»	**Pier'fitte.**
Piscop	»	**Pis'co.**
Pisseleu	»	**Piceleu.**
Prévillers	»	**Prévillé.**
Quend	»	**Quin.**
Quincampoix (Oise)	»	**Quincanpoi.**
Rambervillers	»	**Rambervilaire.**
Rhuis	»	**Ruice.**
Roissy (Seine-et-Oise)	»	**Roici.**
Rubempré	»	**Rubinpré.**
Sarcelles	»	**Sarcel.**
Sarcus	»	**Sarcû.**
Sarrance	»	**Sarranze.**
Sommereux	»	**Som'reu.**
Soyécourt	»	**Soi-ié-cour.**
Survilliers	»	**Survillié** (*ll* mouillées).
Saint-Acheul	»	**Saint-Acheu.**
Sainte-Eusoye	»	**Sainte-Eusoi.**
Saint-Maulvis	»	**Saint-Maulvî.**
Saint-Prix (Seine-et-Oise)	»	**Saint-Prî.**
Taisnil	»	**Tênil.**
Talmas	»	**Talmâ.**
Tartigny	»	**Tarti-gni.**
Thillay (Seine-et-Oise)	»	**Thillé** (*ll* mouillées).
Toussus-le-Noble	»	**Touçû-le-Noble.**
Tramesaigues	»	**Tramesaïgue's'.**
Urdos	»	**Urdoss.**
Uzès	»	**Uzèss.**
Vacquerie (Somme)	»	**Vacrî.**
Vauhallan	»	**Vauhalan.**
Verberie	»	**Verb'rî.**
Viefvillers	»	**Vieuvilé.**
Villejust	»	**Viljû.**
Villeron	»	**Vilron.**
Villers-Cotterets	»	**Vilaire-Cotré.**
Villers-Vicomte	»	**Vilaire-Vicomte.**

VILLERS-St-FRAMBOURG	*se prononce*	**Vilaire-St-Frambour.**
VILLIERS-LE-BEL	»	**Villié-le-Bel.**
VITZ-SUR-AUTHIE	»	**Vis'-sur-Authie.**
WARLOY	»	**Ouarloi.**
WIENCOURT	».	**Viencour.**
Y	»	**I.**
YVRENCH	»	**Ivran.**

<table>
<tr><td>Le Président de la Commission,</td><td>Le Secrétaire de la Commission,</td></tr>
<tr><td>ÉMILE LABROUE,</td><td>ALBERT MENGEOT,</td></tr>
<tr><td>Vice-Président de la Société.</td><td>Secrétaire adjoint de la Société.</td></tr>
</table>

SECTION DE TERMINOLOGIE

Liste des principaux termes et expressions géographiques recueillis
par la Commission depuis son origine.

Adret, *subs. m.* — Côté de la montagne exposé au soleil.

Alp, *s. m.* — Pâturage élevé au-dessus de la région des forêts.

Artériale, *s. f.* — Bras principal d'un cours d'eau.

Avers, *s. m.* — Revers, ou côté de la montagne se trouvant à l'ombre.

Baïne, *s. f.* — Partie creuse d'une plage située entre la dune et un banc
de sable, et laissée à découvert à marée basse : *la Baïne de Soulac.*

Bau, *s. m.* — Rocher à paroi presque verticale, présentant ainsi plus ou
moins l'apparence d'une muraille.

Béal, *s. m.* — Dérivation d'un ruisseau.

Berle, *s. f.* — Cours d'eau, navigable ou non, qui s'est créé par le
courant, au milieu d'un marais pour venir se jeter dans un étang.

Bétoire, *s. f.* — Trou profond dans les montagnes, généralement dissi-
mulé par des fougères ou des broussailles, et servant à absorber le
eaux.

Brec, *s. m.* — Rocher plein de fissures et d'aspérités.

Causse, *s. f.* — Plateau élevé, presque toujours calcaire, dont les terrains sont très secs.

Cévenne, *s. f.* — Montagne ou colline à flancs escarpés.

Chalanche, *s. f.* — Couloir d'avalanche.

Chenal, *s. m.* — Canal naturel de dessèchement.

Cingle, *s. m.* — Méandre à berges concaves élevées, formé par un am-
phithéàtre de collines, et le méandre lui-même fait par le cours d'eau.

Clapier, *s. m.* — Amas de fragments et débris de roches, formé peu à
peu par l'influence désorganisatrice des gelées sur les escarpements
voisins.

Cluse, *s. f.* — Déchirure du sol.

Combe, *s. f.* — Petite vallée.

Cordillère, *s. f.* — Chaîne de montagnes en ligne droite.

Cotière, *s. f.* — Diminutif de bordière : terrasse qui borde un plateau.

Coulière, *s. f.* — Thalweg. — Il y aurait importance à voir les géographes se servir de ce terme de *coulière*, terme vraiment français et qui a l'avantage de bien exprimer ce qu'il signifie, plutôt que d'employer le mot intraduisible de *thalweg;* celui-ci, faute d'autre, avait été emprunté provisoirement à nos voisins d'outre-Rhin.

Crassat, *s. m.* — Haut-fonds formé par les huîtres qui, ayant pris naissance sur des bancs, s'y sont accumulées au point de former des amas qui découvrent à mer basse. *(S'emploie presque toujours au pluriel.)*

Craste, *s. f.* — Canal naturel d'égouttement des terres basses.

Doie, *s. f.* — Source accompagnée de la flaque d'eau plus ou moins vaste et profonde qu'elle forme avant de s'acheminer vers les lieux bas.

Drèche, *s. f.* — Surface plate, mais non horizontale, sur le flanc d'une montagne.

Effluent, *s. m.* — Déversoir latéral d'un cours d'eau.

Emposieu, *s. m.* — Entonnoir où les eaux s'engouffrent pour reparaître sous forme de sources abondantes dans les vallées inférieures.

Engoulure, *s. f.* — Petit défilé avec chemin creux.

Escarène, *s. f.* — Pente très raide qui semble décharnée par l'action des eaux.

Esquillière, *s. f.* — Terrain qui glisse, ou qui a glissé.

Escrin, *s. m.* — Vallon en cul-de-sac.

Estey, *s. m.* — Ruisseau à marée.

Estran, *s. m.* — Portion du rivage laissée à découvert à marée basse.

Founze, *s. f.* — Dépression large et profonde du sol.

Flachère, *s. f.* — Ensemble de flaques marécageuses.

Gourg, *s. m.* — Partie plus ou moins profonde d'un cours d'eau.

Graves, *s. f. pl.* — Terrains mi-gravier, mi-sable, avec adjonction d'argile.

Hourque, *s. f.* — Passage étroit dans une crête rocheuse.

Hourquette, *s. f.* — Diminutif de *hourque.*

Lavine, *s. f.* — Terrain couvert par les déjections des torrents d'orage.

Lède, *s. f.* — Entre-deux des dunes du littoral.

Losne, *s. f.* — Délaissé d'un cours d'eau qui ne se remplit que lors des crues.

Meurgey, *s. m.* — Tas de pierres.

Molard, *s. m.* — Petite bosselure en forme de tumulus.

Nauve, *s. f.* — Prairie inondée, ou seulement humide.

Faluds, *s. m. pl.* — Terrains bas et humides le long des rivières, et de grand produit au point de vue agricole.

Pène, *s. f.* — Endroit où se trouvent deux rochers à pic, en face l'un de l'autre, et formant comme un portique : *la Pène d'Escot.*

Peuil, *s. m.* — Renflement d'un chaînon ou contrefort.

Sagne, *s. f.* — Espace marécageux dans les montagnes, provenant du manque d'écoulement des sources.

Sangle, *s. f.* — Bande de terrain étroite et à peu près horizontale, formée par la saillie d'un banc dans un escarpement de roches calcaires.

Scillère, *s. f.* — Dépression où s'accumulent les neiges chassées par les vents, et qui souvent les garde toute l'année.

Sée, *s. f.* — Crête plus ou moins longue et unie qui sert de ligne de faîte à la naissance des contreforts.

Serre, *s. m.* — Coteau allongé.
Serrière, *s. m.* — Endroit où se trouvent plusieurs *serres*.
Sierre, *s. f.* — Chaîne de montagne à crête dentelée.
Taillante, *s. f.* — Arête vive et allongée du sommet.
Touron, *s. m.* — Butte dont l'extrémité supérieure est en forme de tour.
Travailleur, *adj. m.* — Épithète appliquée aux fleuves à delta dont
le limon s'avance chaque année dans la mer.
Tuc, *s. m.* — Sommet arrondi d'un mont escarpé; élévation arrondie
au-dessus d'un coteau.
Van, *s. m.* — Sorte de petite cuvette à peu près close que l'on rencontre
dans les montagnes; c'est le premier rudiment d'un vallon.
Vannon, *s. m.* — Diminutif de *van*.

Le Président de la Commission,   *Le Secrétaire de la Commission,*

Émile LABROUE,   Albert MENGEOT,

Vice-Président de la Société.   Secrétaire adjoint de la Société.

M. Manier discute la liste relative à la prononciation des noms
de lieux. Il demande quelle méthode a dirigé la Commission dans
ses choix et si la Commission a eu une méthode. A-t-elle pris
pour guide la prononciation locale? A-t-elle pris pour guide la
logique? Suivant M. Manier, on attache d'ailleurs beaucoup trop
d'importance à la prononciation. Il n'est ni bien long ni bien
pénible d'apprendre la prononciation d'une langue. Seule, l'accen-
tuation ne s'apprend que difficilement et c'est elle qui est tout.

M. Labroue répond que la Commission, lorsqu'elle a commencé
ses travaux, il y a de cela plusieurs années, avait déterminé ses
choix d'après la prononciation locale. L'expérience a peu à peu
modifié cette méthode dans ce qu'elle avait de trop absolu.
Aujourd'hui la Commission ne se règle exclusivement ni d'après
la prononciation locale seule, ni d'après la logique seule. Elle a
égard à toutes deux. — Quant au débat soulevé par M. Manier
relativement à la prononciation des noms de lieux étrangers,
M. Labroue fait observer que la Commission ne s'occupe que des
noms de lieux de langue française.

M. Dumont fait une rectification pour la prononciation assignée
dans la liste au mot *Crest*.

M. Franz Schrader fait une rectification semblable pour le mot
Peyrehorade. — Quant aux règles générales relatives à la prononciation, il recommande de bien choisir ses autorités, quand on
s'enquiert de l'usage, et de n'admettre qu'un usage *raisonné*.

M. Conte, capitaine au 1er régiment étranger, fait la communication suivante : *Le Tonkin, aperçu de politique coloniale.*

On a parlé, on parle depuis longtemps en bien et en mal, dit M. Conte,
de notre extension coloniale qui, depuis trois ou quatre ans, semble
dépasser, sinon la mesure de nos forces, du moins celle de notre budget.

Il est certain qu'une grande nation comme la France ne peut pas et ne doit pas abdiquer l'influence qu'elle a conquise depuis si longtemps sur le monde colonial. Si nous avons perdu l'Indoustan, pourquoi ne pas acquérir en échange l'Indo-Chine ?

Si notre marine devait se borner à défendre nos côtes, ce serait l'immobiliser et vouloir la détruire. Ce qui fait la force d'une marine, ce n'est pas seulement le nombre de ses bâtiments et de ses canons, c'est l'instruction navale et la science de ses marins. Or sans colonies, pas de science navale !

Les guerres du Tonkin et de Madagascar ont réveillé l'essor de notre marine. Le regretté amiral Courbet a fait école dans les mers de Chine en maniant le premier la torpille contre les Chinois. Aujourd'hui où l'art naval est bouleversé par l'apparition du torpilleur, c'est la marine française qui a été la première à employer la torpille avec succès.

La guerre du Tonkin a ressuscité notre marine, et toutes nos colonies nouvelles, Tunisie, Tonkin, Congo, Madagascar ont agrandi, sinon doublé, notre essor commercial.

M. Conte esquisse la topographie du Tonkin et spécialement du delta où la population est très dense, où les villages cachés sous le feuillage sont très nombreux. Il décrit l'aspect panoramique du Tonkin : un ciel bleu, des bosquets et des rizières ; des villages en bambou et en paille ; seules les pagodes et les habitations des mandarins sont en brique. Les transports se font à dos d'homme ou de femme. M. Conte fait ensuite une description particulière de Hanoï. Il parle des productions, du riz, du bambou employé à toute espèce d'usage.

Le Tonkin, dit M. Conte, est assez riche pour se suffire. L'organisation coloniale du Tonkin doit procéder des idées suivantes : 1° Le Tonkin doit chercher à se suffire. 2° La sécurité, indispensable à la prospérité du Tonkin, doit être assurée ; pour cela il faut détruire la piraterie. Pour l'établissement de la sécurité, M. Conte recommande l'emploi de troupes indigènes et de troupes étrangères, avec cadres français. 3° L'administration doit être honnête, juste ; elle doit ne pas heurter les coutumes des indigènes.

M. Conte conclut de la sorte :

L'acquisition du Tonkin est-elle une bonne opération ? Oui, d'un côté, car le Tonkin ne coûtera guère que la première mise de fonds (300 millions), qui est une avance. Non, de l'autre, car le Tonkin est bien loin pour nos propres colons.

C'est une grandiose tentative d'essor colonial et maritime ; l'équilibre instable de notre budget a pu rendre le moment de cette tentative inopportun.

M. John Le Long, membre correspondant de la Société de Géographie commerciale de Bordeaux, ancien consul général de l'Uruguay, a envoyé deux brochures dont il est l'auteur : *L'Émigration et la Colonisation françaises aux rives de La Plata, de 1840 à 1884* (brochure extraite de la *Revue de Géographie*) et *Mémoire sur l'Émigration* (brochure extraite du compte rendu du Congrès de Géographie tenu à Toulouse en 1884). Il a envoyé en outre un mémoire manuscrit sur *l'Émigration et la Politique coloniale*. M. DUMONTET DE LACROZE donne lecture de ce mémoire de M. John Le Long, dont voici le texte :

MESSIEURS,

Permettez-moi d'appeler votre attention sur des questions d'une haute gravité qui rentrent dans la sphère de vos délibérations et pour la solution desquelles vos bons conseils, vos décisions ne peuvent manquer d'avoir une puissante et salutaire influence.

Il s'agit de porter remède à un double mal qui menace la France des conséquences les plus désastreuses : la stagnation, continue depuis cinquante ans, de notre population et l'état de marasme de notre commerce paralysé tant par des crises intérieures que par la diminution de nos exportations à l'étranger. Je ne m'appesantirai pas sur les causes de cette situation malheureuse; vous les connaissez aussi bien que moi; mais le mal existe, et il importe, avant tout, d'en arrêter les progrès.

Nos gouvernants semblent s'en être préoccupés, mais le moyen auquel ils ont eu recours, je le crains, n'a fait qu'accroître le malaise au lieu de l'alléger; en s'aventurant dans des expéditions lointaines, en vue de l'agrandissement colonial de la France, ils ont simplement substitué, si même ils n'ont pas ajouté, une maladie à une autre.

Moi, aussi, je suis partisan de l'expansion coloniale; je crois qu'une nation, comme la France, se suicide en se confinant perpétuellement dans ses propres frontières; mais je ne désire ce rayonnement au dehors, je ne comprends surtout l'établissement de colonies nouvelles que dans certaines conditions, qu'à la suite de certaines préparations qu'on n'a point recherchées, auxquelles on ne paraît même pas avoir songé dans les entreprises récentes.

Au point de vue purement matériel de la population, je me bornerai à demander sommairement si l'on croit avoir contribué à l'œuvre humanitaire du peuplement, en envoyant loin de la France plusieurs milliers de nos soldats et de nos marins mourir, décimés encore plus par des maladies inconnues au climat de leur pays natal, que par les balles ennemies; autant de bras enlevés à la culture et aux travaux de toute sorte. — Avons-nous créé là ces éléments de paix, d'ordre et de stabilité, qui seuls attirent et retiennent le commerçant dans un pays ?

Et eussions-nous réussi à y ramener cette sécurité nécessaire, est-ce à notre profit que nous l'aurions fait? Le résultat est douteux. Comme dans toutes nos colonies, ce ne sont pas nos compatriotes qui dominent, ce ne sont pas eux qui sont les plus nombreux, les plus actifs.

Non seulement les négociants étrangers y sont en plus grand nombre et plus riches que les négociants français, mais parfois aussi la protection des consuls étrangers peut y soustraire leurs nationaux à des mesures contre lesquelles les Français demeurent sans défense.

C'est trop souvent pour les autres nations que nous ouvrons des débouchés au sacrifice de notre sang, au sacrifice de notre argent, comme le 30 juillet dernier, à la Chambre des Députés, à propos de la politique coloniale du dernier ministère, un orateur l'a déclaré sans avoir été contredit.

« Tandis qu'en augmentant incessamment les charges du budget, on » prétend nous ouvrir des débouchés, il y a d'autres nations à côté de » nous qui, n'ayant pas fait la dépense de ces expéditions coloniales, » entrent en lutte avec nous sur le terrain même que nous avons choisi;

» et comme elles ont des budgets qui ne sont pas grevés des frais de ces
» expéditions, elles nous font une concurrence redoutable, elles nous
» enlèvent le commerce jusque dans nos propres marchés. Nous faisons la
» police pour elles; nous montons la garde pour qu'elles puissent com-
» mercer en toute sécurité et gagner de l'argent à nos dépens. »

Rien n'est plus réel en effet, en voici encore un témoignage tout récent:
Nous occupons une partie du Congo, où l'on ne s'est pas battu, c'est
vrai, mais ceux qui en sont revenus peuvent vous dire au prix de quelles
fatigues, de quelles privations nous nous y maintenons. Eh bien! ne nous
sommes-nous pas empressés d'aller à Berlin, pour signer l'ouverture de
cette nouvelle possession française au commerce libre de toutes les
nations? Et déjà Américains, Anglais, Allemands, Belges y sont aussi
maîtres que nous.

Je ne parlerai pas de nos autres possessions, peuplées, non d'une population française pure, mais d'une race de sang mêlé; mais je ferai observer
que dans l'Algérie, cette colonie qui est pour ainsi dire à notre porte,
dont le climat se rapproche de celui du midi de la France, la majorité des
colons ne se compose pas de nos nationaux qui sont peu en dehors
des groupes de fonctionnaires et des contingents de garnison, fait
d'autant plus déplorable qu'il existe en Algérie plus de deux millions
d'indigènes... Nos désastres de 1870 nous ont donné la mesure de la foi
qu'on peut avoir dans cette portion de la population, dès qu'un malheur
menace la mère patrie... Aussi cette superbe colonie nous coûte-t-elle
cher; pendant les trente premières années, c'est un solde de 200 millions
chaque année, c'est-à-dire aujourd'hui un peu plus de trois milliards...
qu'il faut assurément ne pas regretter; car c'est notre propre faute si tant
de sacrifices n'ont pas encore produit les résultats qu'on était en droit
d'en attendre.

Or, n'est-ce pas une faute encore plus énorme que, ne sachant pas
exploiter utilement une terre saine, riche et fertile à vingt-quatre heures
de distance de notre pays, on aille faire des essais d'acquisitions coloniales
à trois mille lieues de France?

Et quel moment a-t-on choisi pour inaugurer cette politique à longue
vue, dont on n'avait sans doute calculé ni les phases ni l'issue?

Malgré la guerre ruineuse de 1870, malgré le fardeau écrasant des con-
tributions imposées à la France, l'équilibre du budget s'était maintenu
jusqu'en 1876. La patrie se recueillait; elle aurait pu disposer de ses ressources pour refaire ses forces, son industrie, son commerce; les millions
prodigués à l'instruction populaire et les conventions pour les travaux
supplémentaires de voies ferrées suffisaient pour épuiser le Trésor, lorsque
tout à coup l'ère de la politique coloniale est venue jeter le désarroi dans
l'administration. Le déficit grossit à chaque budget et la désorganisation
est dans l'armée par suite du départ prochain pour le Tonkin de 400 sous-
officiers choisis dans toutes les armes, mesure qui va appauvrir considérablement les cadres des régiments, où le recrutement des sous-officiers est
déjà si difficile.

Que si l'on vient nous dire qu'on n'a pas entendu uniquement ouvrir
des voies au commerce, qu'il y avait des offenses, des meurtres même à
châtier, je répondrai qu'en pareil cas nos marins suffisaient pour venger
notre honneur, comme ils ont su le faire en tant d'occasions, sans pour
cela mettre le pied sur des volcans toujours près de faire explosion sous
nos pas.

Que si l'on vient dire aussi qu'il faut acquérir sur divers points des
stations pour abriter et ravitailler nos navires au besoin, notamment en

cas de guerre maritime, ce ne sont plus là des entreprises de colonisation proprement dite, et la géographie commerciale n'a rien à y voir ; encore le devoir s'impose-t-il, pour la création de ces postes plutôt militaires, de ne pas obérer le Trésor public, de ménager la vie de nos soldats et de nos marins, en ne choisissant que des parages sûrs et salubres.

En tout état de cause, quelle que soit la nature de ces aventures éloignées et coûteuses, il faut s'arrêter à temps et ne pas creuser plus large et plus profond le gouffre du déficit. Mais en attendant que la situation financière nous permette un développement colonial, devons-nous donc rester les bras croisés ? Non, sans doute.

Il est d'autres moyens de nous répandre à l'extérieur : c'est de porter chez les autres notre travail, nos mœurs, notre langue, d'étendre ainsi notre réputation et notre influence.

L'émigration est avantageuse pour tous et à tous les points de vue.

Les bénéfices qu'en retirent les pays où elle afflue parlent d'eux-mêmes ; mais, fait surprenant et pourtant incontestable ! les nations mêmes qui ont contribué dans la plus forte proportion à ce prodigieux peuplement du Nouveau Monde ont vu s'accroître leur propre population dans des proportions relativement rapides et considérables !

L'Angleterre, par exemple, dans la dernière moitié de ce siècle, a doublé la sienne en 30 années ; les États d'Allemagne l'ont doublée en 60 ans, tandis qu'en France, où on émigre peu, il faudra pour atteindre le même résultat 198 ans. Ainsi, pendant qu'aux États-Unis, en 1880, on recensait 1,966,000 personnes nées en Allemagne, on en recensait seulement 107,000 nées en France.

L'émigrant, considéré en masse, surtout s'il a su choisir avec discernement le milieu qui convient le mieux à son tempérament comme à ses aptitudes, et s'il s'est tenu dans les conditions nécessaires de conduite et d'économie, obtient, le plus souvent, la rémunération de ses efforts. Je ne veux en citer pour exemple que notre émigration dans la République Argentine, où nous comptons 100,000 de nos compatriotes : là, notre commerce n'a cessé de s'accroître chaque année depuis 1862, lorsque partout ailleurs il est en souffrance depuis 1879. Et savez-vous dans quel pays vont en grande partie les gains amassés par les travailleurs et les marchands français ?

La Société de Géographie de Bergerac, siège du Congrès, n'est-elle pas une branche de la Société de géographie commerciale de Bordeaux ?

Or, le développement commercial de Bordeaux n'est-il pas dû, pour une large part, à l'émigration basque ? Les Basques travailleurs, en faisant leur fortune, n'ont-ils pas fait celle de Bordeaux ? Il vous est très facile de le constater, vous qui êtes les voisins des départements pyrénéens. Voyez cette longue ligne de charmantes villas qui ornent la première chaîne de nos Pyrénées, depuis Bayonne jusqu'à Pau : ces habitations champêtres sont toutes ou presque toutes occupées par des Basques qui ont fait fortune en Amérique, principalement dans la République Argentine, où leur nombre s'élève à au moins 60,000. Ainsi, l'argent gagné à l'étranger revient à la patrie, sans compter toutes les sommes que les émigrés qui ne sont pas encore de retour envoient à leurs familles, sans compter les échanges continus de marchandises, de denrées et les profits qui en résultent pour le commerce métropolitain ; ainsi l'émigration enrichit l'émigrant et non seulement le pays qu'il habite, mais aussi celui qu'il a habité.

Cependant l'émigration se fait sans aucune charge pour l'État, qui a un si grand intérêt à la développer ; car, sans elle, pas de marchés au dehors : la concurrence étrangère, plus active, plus vigilante et plus adroite que nous, nous bouche les voies, nous élève des barrières, que le flot d'une émigration nombreuse et laborieuse peut seul renverser.

La nécessité s'impose à nous de ne pas nous laisser devancer ni frustrer dans l'exploitation de cette œuvre grandiose due à l'initiative de la France, le percement du canal interocéanique destiné à livrer tous les États du Pacifique à notre commerce, à notre esprit d'entreprise.

Il importe donc d'inspirer à nos populations le goût de l'émigration, et de l'encourager par toutes sortes de moyens, parmi lesquels figure en première ligne la facilitation des voyages par terre et par mer ; le Gouvernement ferait certainement un grand acte de patriotisme en y prêtant son concours, soit par la disposition des ressources que lui fournit sa marine, soit par la création d'un fonds spécial — portions ou excédents, par exemple, d'amendes de police ou de douane — pour subvenir aux dépenses d'expatriation et aux premiers besoins des émigrants : ce serait préparer à peu de frais des résultats immenses pour l'avenir de la France.

Bientôt, sans aucun doute, on verrait le trop plein de nos forces populaires aller chercher un champ moins encombré pour s'y déployer librement ; bientôt on verrait se fonder des comptoirs, des établissements français, de force à lutter, avec avantage, avec ceux des autres nations européennes. C'est ainsi que notre industrie, que notre commerce acquerraient l'expérience des contrées étrangères, des entreprises lointaines ; c'est ainsi que nos travailleurs, que nos marchands s'acclimateraient à des températures exotiques, et, lorsque l'ordre se serait refait dans nos affaires politiques, lorsque nos budgets auraient repris l'équilibre normal, nous aurions sous la main des phalanges d'hommes hardis, capables et expérimentés, ayant fait, en quelque sorte, par l'émigration, l'apprentissage de la colonisation, tout prêts à fonder pour le compte propre de la France, sur des territoires nouveaux, des établissements durables ayant pour base, non plus la force des armes, mais la supériorité du génie et de la civilisation.

M. LABROUE présente, au nom de M. le baron DE MONTOUR, membre de la Société de Géographie commerciale de Bordeaux, une série de documents : *Canal de jonction de la Garonne à la Loire supérieure, avant-projet, rapport. — Annexes au rapport. — Note relative au projet de jonction de la Garonne à la Loire supérieure.*

La séance est levée à onze heures.

LUNDI 7 SEPTEMBRE 1885.

SÉANCE DE L'APRÈS-MIDI.

(Salle du Collège.)

Présidence de M. DUMONTET DE LACROZE, secrétaire général de la Société de Géographie de Périgueux, professeur au Lycée de Périgueux.

M. *Hautreux* : Répartition des pluies, des gelées et des grêles dans le département de la Gironde ; vœu. Bureaux nautiques : vœu. Pilot-charts ; vœu. — M. *Laplène* : État actuel du Sénégal. — M. *Marc Maurel* : Exemption du service militaire pour les jeunes Français qui prendraient l'engagement de résider pendant dix ans à l'étranger. Vœu présenté. Discussion. — M. le commandant *Bonetti* : La vallée d'Aspe. — M. *Labroue* : Salies-de-Béarn.

La séance est ouverte à deux heures.

M. HAUTREUX, vice-président de la Société de Géographie commerciale de Bordeaux, lieutenant de vaisseau, directeur des mouvements du port à Bordeaux, entretient le Congrès de la *Répartition des pluies, des gelées et des grêles dans le département de la Gironde*. Il accompagne ses explications de démonstrations faites à l'aide d'une carte spéciale dressée par lui.

L'étude locale de la répartition des pluies, des gelées et des grêles qui se poursuit dans le département de la Gironde depuis quatre ans, dit M. Hautreux, a une telle importance, au point de vue de l'agriculture, qu'il est grandement désirable que ces observations soient étendues aux régions voisines par les mêmes procédés qui ont si bien réussi dans la Gironde.

Le Conseil général de la Gironde n'a pas hésité à allouer à la Commission météorologique une subvention annuelle de 2,500 francs, qui permet d'acheter des instruments d'observation et de donner aux observateurs des primes d'encouragement, soit en argent, soit en ouvrages de météorologie.

La loi des gelées, en Gironde, bien plus difficile à étudier que la loi des pluies, a montré que les gelées désastreuses du printemps sont en connexion directe avec la répartition des pluies. Par suite, l'étude de ce dernier phénomène peut déjà donner des indications bien précieuses dans une région où l'on cultive la vigne et les arbres fruitiers.

Les observations qui ont été résumées dans le *Bulletin* de la Société de Géographie commerciale de Bordeaux, du 15 juin 1885, comprenaient l'ensemble de trois années, depuis juin 1881 jusqu'à mai 1884.

Les résultats généraux montraient que, quelle que fût la sécheresse ou l'humidité relative des années qui se sont succédé, la loi générale de répartition des pluies restait constante et que le point le plus humide du département de la Gironde était vers *Audenge*, que de ce point les quantités d'eau allaient en diminuant en allant vers le Nord, dans la direction de Royan, et vers l'Est dans la direction de La Réole. Les résultats séparés de chacune des saisons donnent des conclusions identiques.

Durant l'année 1884-1885, quelques centres d'observation ont pu être établis dans le département de la Charente, et les chiffres de pluies recueillis dans cette région sont des plus intéressants et fort extraordinaires; tandis que d'*Audenge* à *La Réole* la somme des pluies passait de 882 à 500 millimètres, on trouvait au contraire que, de la pointe de *La Coubre* à *Montbron*, la somme des pluies passait de 600 à 863 millimètres. Les deux directions sont également Ouest et Est, et les résultats sont absolument opposés.

Si l'on osait s'appuyer sur ces dernières observations, quoique bien peu nombreuses, on pourrait dire que les gelées printanières doivent être bien plus désastreuses vers *Montbron* qu'elles ne le sont vers Jonzac et dans la vallée de la *Seudre*.

Mais les centres d'observations doivent être très nombreux pour que les erreurs commises en un lieu soient facilement reconnues et rectifiées par les observations voisines.

Les observatoires pluviométriques sont au nombre de quarante dans le département de la Gironde et il faut, semble-t-il, au moins ce nombre d'observatoires par département, si l'on veut obtenir des résultats sérieux et déduire la loi de répartition intimement liée à l'orographie du sol.

Les conséquences de ces observations sont tellement considérables pour l'agriculture de notre pays que je présente à l'approbation du Congrès de Géographie de Bergerac le vœu suivant :

En présence des résultats qui ont été obtenus dans la Gironde, le Congrès émet le vœu :

1° Que, dans chacun des départements de la région Sud-Ouest de la France, il soit installé une quarantaine de postes d'observations pluviométriques et thermométriques;

2° Que les sections géographiques demandent pour cette organisation l'appui de l'administration, des départements et des communes principales, pour donner des encouragements aux observateurs;

3° Que les observations réunies par les soins des sections soient centralisées à Bordeaux.

Le vœu est mis aux voix et adopté.

M. HAUTREUX entretient le Congrès de la question des *Bureaux nautiques.*

Le Congrès de Géographie réuni à Bordeaux en 1882 a émis le vœu que des bureaux nautiques fussent installés dans les principaux ports de commerce; nous proposons au Congrès de Bergerac le renouvellement de ce vœu.

Le rôle des bureaux nautiques, tel qu'il a été défini dans le rapport de la Commission spéciale nommée pour étudier cette question, doit être de fournir au commerce maritime tous les moyens de venir en aide à la navigation aux moindres frais possibles et entre autres :

1° Régler les chronomètres;

2° Régler les compas;

3° Comparer les baromètres et thermomètres avec des instruments types;

4° Communiquer aux intéressés les instructions nautiques, les cartes, les annales hydrographiques, et tous documents français et étrangers relatifs à la navigation;

5° Traduire chaque jour, sur un tableau facile à lire, les dépêches météorologiques et de prévision du temps, générales et spéciales à la région.

6° En échange de ces services, engager les capitaines à déposer au bureau nautique tous les renseignements pouvant intéresser le commerce et la navigation.

Les Chambres de commerce sont les protectrices naturelles des intérêts de la navigation; les municipalités des grandes villes de commerce sont aussi directement intéressées aux facilités à donner à tout ce qui peut aider les relations extérieures.

Partout, dans tous les ports, français et étrangers, on se préoccupe de perfectionner l'outillage destiné au navire, pour diminuer ses frais généraux et lui permettre de vivre en obtenant l'abaissement du fret. C'est par centaines de mille francs, par millions, que les travaux d'outillage des ports doivent être entrepris pour obtenir un allègement de un ou de deux francs dans la manipulation du tonneau de marchandises, pour obtenir un bénéfice de quelques heures dans le temps nécessaire au déchargement et au chargement du navire.

Il faut aussi donner au transporteur de la marchandise, au capitaine du navire, les moyens de se procurer tous les renseignements qui peuvent lui être utiles pour abréger sa traversée, pour éviter les dangers qu'il peut rencontrer sur sa route. C'est afin de combler cette lacune que nous proposons la création de bureaux nautiques dans les grands ports de commerce, avec l'appui des Chambres de commerce et des municipalités.

A Bordeaux spécialement, il n'existe aucun signal horaire, visible de tous les points de la rade, permettant au navire de régler ses chronomètres, en service courant, du pont du bâtiment. Il n'existe aucun système d'étuve et de glacière, permettant d'étudier les marches des montres par les températures extrêmes.

Pour la régulation des compas, les navires en fer construits à Bordeaux ont été obligés de se rendre au mouillage de l'île d'Aix.

La bibliothèque de la Chambre de commerce reçoit du Ministre de la marine un exemplaire des cartes éditées par le Dépôt de la marine, mais il n'existe à cette bibliothèque aucun des ouvrages spéciaux à la marine, ni instructions nautiques, ni ouvrages de navigation, de météorologie. Aucune des collections de cartes étrangères, soit anglaises, soit américaines, ces dernières surtout si pratiquement faites, si intéressantes et si libéralement distribuées par l'office hydrographique de Washington.

Enfin les dépêches météorologiques, qui peuvent rendre de si grands services aux armateurs, aux marins, voire même aux agriculteurs, reçues en langage chiffré, sont traduites d'une façon peu intelligible pour le public, qui doit faire un travail de reconstruction géographique pour les comprendre et, pour cette raison, ces dépêches ne sont pas lues et ne profitent à personne.

Enfin que deviennent tous ces journaux de mer que tout navire doit tenir ? Quelle masse de renseignements est ainsi perdue à tout jamais ! Et pourtant, il serait si facile de recueillir ces renseignements et de les transmettre aux savants laborieux, qui continuent perpétuellement la révision des lois générales formulées par Maury. Ces documents montrent que partout la loi générale subit des modifications locales ou régionales qu'il est du plus grand intérêt de connaître.

Par ces considérations, nous proposons au Congrès de vouloir bien émettre et appuyer le vœu suivant :

Que des bureaux nautiques, destinés à fournir à la navigation tous les renseignements qui peuvent lui être utiles, soient installés dans les grands ports de commerce avec l'appui des Chambres de commerce et des municipalités.

Le vœu est mis aux voix et adopté.

M. Hautreux entretient le Congrès des cartes marines américaines à bon marché, dites *Pilot-charts*.

Les cartes marines qui se publient en France sont, en général, éditées par le dépôt des cartes et plans du ministère de la marine; ces documents sont établis avec le plus grand soin; mais il faut un temps considérable pour passer de l'étude du levé hydrographique à la correction et à l'impression de la carte. Aussi dans tous les points où, par la nature des choses, des modifications se produisent, les cartes non seulement, malgré leurs corrections successives, ne représentent pas l'état réel au moment de leur publication, mais encore elles peuvent, par la confiance généralement méritée qu'elles inspirent, induire gravement en erreur les marins et causer des sinistres qu'elles sont destinées à faire éviter. Ainsi, dans notre région, les cartes de la Gironde levées en 1882 n'expriment plus l'état réel des choses et seraient dangereuses à suivre.

Il a été demandé au service technique de publier chaque année un croquis de l'état des bancs de l'embouchure de la Gironde et des alignements à suivre par les navires pour éviter ces dangers ; il n'a pu être fait droit à cette requête.

Les Américains, à qui nous devons l'impulsion donnée de nos jours aux études météorologiques, continuent à chercher par tous les moyens à aider la navigation et le commerce. Au point de vue maritime, ils ont entrepris une publication à bon marché d'une utilité incontestable et qu'il est bon de faire connaître pour que nous tâchions de l'imiter s'il se peut.

Ce sont les *Pilot-charts* des différents océans. Ces *Pilot-charts* résument, sous une forme très simple, le plus grand nombre des documents nécessaires à la navigation.

Ce sont des cartes marines faites comme de simples croquis lithographiés en trois couleurs et paraissant tous les mois, sous le contrôle du service hydrographique de Washington. Cette triple coloration est très avantageuse et frappe immédiatement l'esprit.

Le *noir* indique les choses que l'on peut considérer comme immuables pendant de longues périodes ; ce sont les terres, les courants généraux de la mer, les lignes d'égale déclinaison magnétique ; c'est le fond de la carte.

Le *bleu* indique les prévisions pour le mois courant, déduites des lois météorologiques connues : ce sont les vents réguliers avec leur force et leur direction générales, les limites nord et sud des vents alisés, les pluies équatoriales, les limites ordinaires des champs de glaces. Cette planche d'impression n'éprouve guère de modifications d'une année à l'autre.

Enfin le *rouge* représente l'ensemble des renseignements utiles recueillis dans le mois précédent et spécialement tout ce qui peut constituer un secours, une aide ou un danger pour la navigation : avis aux marins, dernières modifications apportées aux phares, aux balises, glaces signalées en latitude et en longitude, épaves flottantes aux points où elles ont été rencontrées en dernier lieu, trombes, ouragans dont on a pu suivre le parcours, résumé général du temps tel qu'il s'est produit, brumes, orages, tremblements ressentis en mer, etc. Par la nature de ces renseignements, cette planche, toute d'actualité, varie tous les mois, c'est elle qui fait la valeur de ces cartes.

Ce sont là les archives historiques des océans. Aucune publication de ce genre n'existe en France et nous pensons qu'un congrès géographique ne sortira pas de son rôle en portant ces faits à la connaissance du public et en formant le vœu suivant :

Que des cartes semblables aux Pilot-charts *américaines, en plusieurs teintes, soient éditées chaque mois par le procédé le moins coûteux et livrées au public à un prix excessivement minime.*

Le vœu est mis aux voix et adopté.

M. LAPLÈNE, membre du Conseil privé du Sénégal, fait une communication sur l'*état actuel du Sénégal*.

Il fait rapidement l'histoire des progrès si importants accomplis au Sénégal depuis le gouvernement du général Faidherbe. C'est au général Faidherbe que revient l'idée première de la communication à établir entre le Sénégal et le Niger et de la voie ferrée du Cayor. Le général Faidherbe, le capitaine de vaisseau Jauréguiberry quittèrent le gouvernement du Sénégal avant d'avoir pu exécuter l'œuvre projetée ; le colonel Pinet-Laprade mourut prématurément. Enfin, sous le gouvernement du colonel Brière de l'Isle, l'œuvre de pénétration vers le Niger fut entreprise. En 1882, les travaux du chemin de fer du Cayor étaient commencés.

M. Laplène insiste sur les grands résultats de la construction aujourd'hui achevée du chemin de fer de Dakar à Saint-Louis, à travers le Cayor. Grâce à cette voie ferrée, le Cayor a été complètement transformé; l'exploitation commerciale a triplé et même quadruplé; douze vapeurs, qui font le service de France à Saint-Louis, reviennent en Europe avec un complet chargement d'arachides. Avant le chemin de fer, les indigènes ne cultivaient guère l'arachide : les frais de transport étaient énormes et ne disposaient guère les indigènes au travail agricole; les agents de transport étaient les Maures avec leurs caravanes de chameaux, moyen fort coûteux. Aujourd'hui, le chemin de fer, grâce aux facilités qu'il présente pour le transport, a entièrement changé la situation et développé, dans des proportions toujours croissantes, la production des arachides. — Il y aurait d'ailleurs d'autres cultures à propager au Sénégal; mais ce qui fait défaut à la colonie, c'est l'argent. M. Laplène souhaite que l'intervention gouvernementale vienne faciliter le crédit.

M. Laplène montre encore les avantages du chemin de fer du Cayor au point de vue maritime. Par le débarquement et l'embarquement à Dakar, il permet d'éviter la barre du Sénégal qui rend si incertain l'accès de Saint-Louis. Il est vrai qu'il est question d'améliorer cette barre. M. Laplène dit quelques mots de la mission de M. Bouquet de La Grye à ce sujet.

Le chemin de fer du Haut-Sénégal est loin de présenter d'aussi beaux résultats que celui du Cayor. La construction en est suspendue; quant aux kilomètres de voie construits, en bien petit nombre, il faut les refaire tous les ans.

M. Manier demande et reçoit de M. Laplène un renseignement sur le chiffre total de la production des arachides.

M. Labroue demande ce qu'on pense au Sénégal au sujet de l'importance commerciale des relations entre le Sénégal et la région du Niger (Soudan occidental).

M. Laplène répond que, dans la région qui s'étend du Haut-Sénégal au Niger, le principal produit est l'arachide. Or l'arachide est un produit pauvre, à la circulation duquel les frais de transport font obstacle; pour le transporter à bon compte, il faudrait l'acheter à vil prix. Les autres productions sont peu importantes : un peu d'or, un peu d'ivoire, des plumes d'autruche. En outre, le pays est très peu peuplé.

M. Marc Maurel, président de la Société de Géographie commerciale de Bordeaux, retenu par une indisposition, envoie au Congrès le texte d'un vœu présenté par lui en faveur de *l'exemption du service militaire pour les jeunes Français qui prendraient l'engagement de résider pendant dix ans à l'étranger.*

M. Labroue donne lecture du texte de ce vœu et des considérants qui le précèdent :

Le Congrès géographique de Bergerac,

Considérant que l'article 61 de la loi militaire de 1872 empêche les jeunes Français de s'établir dans les colonies françaises ou étrangères entre dix-huit et vingt ans, c'est-à-dire au moment le plus favorable.

Considérant que les Anglais et les Américains du Nord, les deux peuples dont la concurrence sur les marchés lointains est le plus à redouter, sont exempts de tout service militaire ;

Qu'en Allemagne et en Suisse on délivre des permis d'expatriation temporaire aux jeunes gens désireux de s'établir en pays étrangers ;

Qu'en Belgique tout jeune Belge diplômé de l'Institut commercial d'Anvers est de droit exempt du service militaire quand il déclare vouloir s'établir hors d'Europe, et qu'il reçoit une pension de 6,000 francs pendant trois années pour lui permettre d'étudier le pays dans lequel il a résolu de résider ;

Qu'en France même, du temps de Colbert, bien loin d'entraver l'essor de la jeunesse vers les pays étrangers, ce grand ministre faisait tomber les préjugés de cette époque en déclarant que les gentilshommes ne dérogeaient point à noblesse (1) en se livrant au commerce maritime; il accordait au contraire des lettres de noblesse aux roturiers qui fondaient des établissements aux colonies ;

Considérant que nos législateurs examinent à nouveau nos lois militaires, qu'il y a lieu dès lors d'appeler leur attention sur un état de choses très préjudiciable aux intérêts généraux du pays et dont la conséquence est de faire prendre par des étrangers, dans nos propres colonies, des places occupées naguère par nos nationaux ;

Considérant que si l'obligation de servir le pays est un devoir sacré pour tous les citoyens français, il est indifférent, au point de vue de la justice, que ce service s'effectue sous une forme ou sous une autre, l'essentiel étant d'exiger l'*équivalence* sans s'attacher à l'*identité*;

Considérant que l'action de propager au loin, au péril de sa vie, notre langue et nos idées et de faire pénétrer partout nos produits nationaux, constitue envers la France un service d'une importance majeure; que s'il est beau de préparer des défenseurs à la patrie continentale, il n'est pas moins indispensable d'augmenter leurs moyens de défense par un accroissement incessant de la richesse nationale au moyen des établissements commerciaux lointains ;

Par ces motifs :

Le Congrès géographique de Bergerac émet le vœu qu'un sursis de dix ans soit accordé à tout jeune Français qui prendra l'engagement de résider pendant dix ans à l'étranger, après avoir produit aux autorités militaires un certificat d'une Société de gymnastique constatant que le postulant a une aptitude suffisante pour la marche et le tir;

Et décide que la présente résolution sera transmise à M. le président du Conseil des ministres et communiquée à toutes les Sociétés de Géographie de France.

(1) Ordonnance de 1631, liv. V, tit. VIII, art. 1er.

Des objections sont faites soit à ce vœu, soit aux considérants qui l'accompagnent, par plusieurs membres du Congrès
(MM. Hautreux, Fournier, Bonetti, Conte, Pauliet, Gebelin).
Pour ce qui est de la forme du vœu présenté, on fait remarquer
que les sociétés de gymnastique n'ont pas qualité pour délivrer des
certificats d'aptitude dont le résultat serait de conférer la dispense
du service militaire Pour ce qui est du principe du vœu, on fait
remarquer que l'équivalence du service militaire ne saurait être
confondue avec l'identité; que le volontariat d'un an lui-même
soulève de très importantes oppositions; que l'habileté au manie-
ment d'armes et au tir est loin de constituer, à elle seule, le
soldat digne de ce titre. — En réponse à une proposition présentée par M. Manier, et ayant pour objet de faire cesser la
dispense en cas de guerre ou de péril de guerre, il est répondu
que l'expérience est faite : le département français qui compte le
plus d'émigrants est aussi celui qui compte le plus d'insoumis.

Deux idées générales se dégagent en outre des observations
échangées: 1° la question soumise au Congrès a été traitée dans
les projets présentés au Parlement et relatifs à l'organisation
militaire; 2° un Congrès de Géographie n'a pas qualité pour
traiter cette question.

Le vœu est mis aux voix et n'est pas adopté.

Un amendement présenté par M. Manier, ayant également pour
objet d'instituer une dispense en faveur des jeunes Français qui
prendraient l'engagement de résider pendant dix ans à l'étranger,
mais faisant cesser l'effet de cette dispense en cas de guerre ou
de péril de guerre, est mis aux voix et n'est pas adopté.

M. le commandant Bonetti fait la communication suivante sur
la *Vallée d'Aspe*. Il donne ses explications à l'aide d'une carte
murale dressée spécialement pour cette communication par
M. Rigaud, secrétaire de la Société de Géographie de Bergerac.

Importance de la vallée d'Aspe. — On prétend que déjà, du temps des
Romains, ceux-ci communiquaient avec la péninsule Ibérique, non seulement en longeant la Méditerranée et l'Atlantique, mais au moyen d'une
route du centre reliant la Gaule à l'Aragon, par la vallée d'Aspe. Pendant
mon séjour à Urdos, le savant et bien regretté M. Paul Raymond a trouvé
une borne milliaire dans le ravin de Paillette. Nous avons vu l'heureux
antiquaire revenir à pied à Pau, pendant que sa petite voiture était occu-
pée par la lourde pierre qu'on peut voir aux Archives des Basses-Pyrénées. On prétend aussi que les hordes sarrasines d'Abd-er-Rhaman ont
pénétré en France par la vallée d'Aspe.

A une époque plus récente, sous la première République, alors que
l'étranger menaçait nos frontières de tous côtés, un corps d'armée espagnol, aux ordres du comte de Castelfranco, qui occupait le haut Aragon
quittant subitement ses cantonnements de Jaca, Hetcho et Pau, pénétra en
France par les cols de Pau et d'Anso se dirigeant sur Lescun, pour mieux
tromper la surveillance qu'on exerçait aux débouchés de la vallée d'Aspe;
mais la promptitude avec laquelle les volontaires qui occupaient Bedous,

Accous, Borce et Urdos, se portèrent à Lescun, permit de chasser l'ennemi de ce village et de le poursuivre jusqu'à la frontière, après lui avoir fait essuyer des pertes sérieuses.

Un peu plus tard, à la suite des malheurs qui fondirent sur la France, après la désastreuse campagne de 1812, le général Clauzel, cerné dans l'Aragon, rentra en France par la vallée d'Aspe et vint prêter un secours efficace à l'armée du maréchal Soult, refoulée sur Bayonne. Ce furent les femmes de Lescun qui empêchèrent l'ennemi de franchir les cols de cette petite vallée.

Lorsque les Français rentrèrent en Espagne en 1823, un de leurs premiers soins fut d'organiser un lazaret au-dessous du village d'Urdos, à quelques kilomètres de la frontière. Cet établissement, placé dans une excellente situation, se composait de trois ou quatre bâtiments qui tombent actuellement en ruine.

Disons aussi, en passant, que dans la vallée d'Aspe s'est conservée une certaine catégorie de gens que l'on a voulu jadis exclure de la société : nous voulons parler des cagots, crétins, etc., lesquels, après avoir été l'objet de la répulsion la plus outrée, ont fini par être oubliés.

En 1868, M. le Dr Auzouy, alors directeur des aliénés de Pau, et plus tard de Bordeaux, fut chargé d'une mission dans la vallée d'Aspe. Sa brochure cite non seulement les villages où il a trouvé des traces des crétins, mais aussi les noms des hommes et femmes atteints de crétinisme.

Mais la science confond si peu cette infirmité, qui n'est peut-être particulière qu'à des individus, avec une race distincte soi-disant maudite, qu'en 1877 le savant M. Paul Broca a fait exhumer un squelette complet à Borce, afin de mieux l'étudier à Paris.

Un jeune médecin, M. Arréguy, nouvellement installé à Lescun, fut prié par M. Broca, son professeur, de rechercher près du village de Borce le cimetière particulier des cagots, et de reconstituer les ossements d'un corps entier. Ces recherches, faites devant nous avec des indications si précises, permirent à M. Arréguy de creuser avec succès, là où deux ou trois cents ans auparavant on avait l'habitude d'enterrer ceux qui se trouvaient exclus du cimetière commun.

Terminons cet aperçu sur l'importance de la vallée d'Aspe par celle qu'elle pourra acquérir quand la voie ferrée de l'Aragon ne sera plus à l'état de projet. Depuis dix ans, des études se font des deux côtés des Pyrénées en vue de la construction d'un chemin de fer franco-espagnol par la vallée d'Aspe; mais jusqu'ici l'accord n'a pas encore été établi. Lorsqu'il le sera, les relations commerciales des deux pays ne pourront qu'y gagner, dans le sens le plus large du mot.

Coup d'œil de Pau. — Lorsque de Pau on observe l'admirable panorama des Pyrénées qui s'étend au sud de cette ville, on a devant soi la vallée d'Ossau avec son beau pic, qui se détache au loin comme une pyramide, et vers le sud-ouest la vallée d'Aspe, indiquée seulement par les pics qui la dominent.

Dans la vallée d'Ossau coule le gave de ce nom qui a dû primitivement venir tomber dans le gave de Pau, juste en face de cette ville, tandis qu'aujourd'hui le gave d'Ossau, parvenu à hauteur d'Arudy, tourne brusquement à gauche pour aller se joindre à celui d'Aspe dans la ville d'Oloron, qui donne son nom au nouveau cours d'eau.

Tous ceux qui passent par Sévignacq peuvent juger sur place que le gave d'Ossau a été détourné de son lit primitif par un bouleversement quelconque, et un peu plus bas, au-dessus de Ribenacq, on peut voir la source du Néez, qui ne doit être qu'une infiltration du gave d'Ossau. Le

Néez a un parcours de 15 à 16 kilomètres et vient se jeter dans le gave de Pau, dans Jurançon même.

Quittons maintenant Pau pour nous diriger vers la vallée d'Aspe. La route, ainsi que le nouveau chemin de fer d'Oloron, suivent la vallée du Néez jusqu'à la petite ville de Gan.

Là, ils quittent la direction d'Ossau pour prendre, au sud-ouest, celle d'Oloron, coupent le col de Bel-Air et arrivent à Oloron-Sainte-Marie, chef-lieu d'arrondissement.

D'Oloron au pont d'Escot. — En sortant d'Oloron, on reprend la direction sud le long du gave d'Aspe; on traverse de belles plaines, les villages de Gurmençon, Arros, Asasp, où les mouvements de terrain commencent à intéresser le voyageur; mais ce n'est qu'au pont d'Escot que l'on se trouve réellement au pied de la montagne et que l'on voit le gave paraissant sortir d'une fissure faite dans les rochers. Avant d'atteindre le pont, on laisse à droite la route d'Issor, on franchit le Lourdios, qui descend du pic d'Anie et se jette dans le gave d'Aspe en face de l'établissement de bains de Saint-Cristau.

La route qui s'est maintenue, depuis Oloron, sur la rive gauche du gave passe alors sur la rive droite. En face du pont on remarque une inscription romaine, gravée sur le rocher appelé Pène-d'Escot. Cette inscription, effacée en partie par le temps ou par les hommes, est ainsi conçue :

L. VAL. VERNUS CER
II VIR BIS HANC
VIAM RESTITUIT
LA MIIIXIV
AMICUS. C.

Les écrivains ne sont pas d'accord sur cette inscription. Les uns la croient réellement ancienne, d'autres soutiennent qu'elle est moderne.

Quoi qu'il en soit, on lit maintenant au-dessous le nom de l'entrepreneur qui a construit ou réparé la route.

Du Pont-d'Escot à Sarrance. — Dès qu'on pénètre dans ce creux formé par deux rochers qui semblent vouloir étreindre le voyageur, on a de la peine à s'habituer à cette vue limitée et l'on éprouve un certain malaise pendant quelques instants. Un peu plus haut on trouve à droite, entre la route et le gave qui coule au fond d'un précipice, une petite maisonnette servant d'établissement thermal, mais fréquentée seulement par les paysans des environs. A gauche, ensuite, on trouve quelques torrents qui détériorent souvent la route au point d'intercepter les communications.

On arrive peu après au pont du Diable qui permet de passer sur la rive gauche pour atteindre Sarrance. Ce pont était bien nommé tellement il paraissait dangereux, d'autant plus qu'il était en bois. Depuis peu il a été remplacé par un solide pont en pierre qu'on a construit un peu en amont.

De Sarrance à Bedous. — Le petit village de Sarrance, tout en longueur sur le rocher qui surplombe le gave qui y cause souvent des ravages, a eu jadis une grande importance; un couvent de Prémontrés y attirait de nombreux pèlerins. Louis XI lui-même vint faire ses dévotions aux pieds de la madone qu'on y vénère encore aujourd'hui.

En quittant Sarrance, on rencontre le ruisseau de l'Espalungue qui tombe en cascade et dont les eaux ont creusé dans les rochers calcaires une cavité circulaire de plusieurs mètres de profondeur. Après cela on repasse sur la rive droite du gave, au pont Suzon. Alors la vallée commence à s'élargir,

on monte une petite côte en s'éloignant un peu du gave et l'on arrive à
Bedous.

De Bedous au gave de Lescun. — Bedous est un joli village de
1,500 habitants, situé sur le Gabarret dont les eaux sont utilisées au profit
de moulins et usines. Quoique le chef-lieu de canton soit Accous, à quelques kilomètres en amont, mais à gauche de la route, Bedous contient
les principales autorités cantonales. De Bedous, par la vallée du Gabarret, on
peut atteindre la vallée d'Ossau, par le village d'Aydius et le col de Barca
d'où l'on descend à Laruns. La belle vallée de Bedous nous montre sur la
rive droite Bedous et Accous illustré par les vers du poète Despourrins, et
sur la rive gauche, Osse avec son temple protestant, Athas formant commune avec Lées.

La vallée finit à la Pène-d'Esquit qui se dresse comme un portail gigan-
tesque formé par deux pyramides. Entre deux pics nus et décharnés, qui
des deux côtés dominent la route creusée dans le roc, le torrent s'est
frayé un passage. Ses eaux passent sous le pont d'Esquit par lequel on se
rend à Lées. On trouve ensuite Lestanguette, petite auberge très
fréquentée, puis le pont qui conduit dans la vallée de Lescun, vallée de
contrebandiers d'un abord très difficile.

De la route de Lescun à Etsaut. — En quittant la route ou chemin
qui va à Lescun, on arrive au hameau d'Eygun dépendant de la commune
de Cette laquelle surplombe sur Eygun et paraît ne former qu'un même
village, tandis qu'il faut près d'une heure pour l'atteindre par le chemin en
zigzag. On arrive ensuite à Etsaut, petit village encaissé dans le lit du
Sadun qui vient tomber dans le gave. La route y passe entre deux rangs
de maisons tellement rapprochés qu'une seule voiture a de la peine
à y passer. On remarque à gauche une maison qui paraît récente, mais
dans le mur de laquelle on a incrusté des images très primitives et des
caractères qui paraissent arabes. Quelques-uns de ces bas-reliefs ont été
moulés par nous et doivent se trouver au musée de Pau, avec un plan relief
de la vallée comprenant la partie qui s'étend d'Esaut à la frontière.

D'Etsaut à Urdos. — En face d'Etsaut et sur la rive gauche du gave se
trouve le village de Borce qui paraît aussi ancien que son voisin. Nous
y avons également moulé une pierre intéressante et bien conservée qui
prouve l'existence, dans un temps reculé, d'une abbaye. Rappelons aussi
qu'on y conserve le souvenir des cagots que l'on croit encore reconnaître
à la conformation des oreilles. De Borce on revient sur la route nationale
au pont Sibers, là où la voie passe sur la rive gauche pour atteindre le
petit Portalet et le fort construit, depuis près de cinquante ans, dans une
position inexpugnable, dans la partie rocheuse comprise entre le Gave et
le torrent du Sescoué, le long duquel on voit serpenter le chemin de la
Mâture, construit dans le roc sous Louis XV, pour exploiter les fameux
bois de construction que contenait cette vallée. Dès qu'elle a dépassé le
fort sur lequel nous devons nous montrer sobre de détails, la route passe
sur la rive droite pour atteindre le village d'Urdos, le dernier de la
frontière.

D'Urdos à la frontière. — Le village d'Urdos se trouve au centre d'une
petite vallée de forme allongée. C'est là qu'on projette de faire la dernière
station française sur le chemin de fer qui doit relier la France à l'Aragon,
et il paraît décidé que le tunnel commencera un peu plus en avant
d'Urdos, au lieu dit Forges-d'Abel. Avant d'atteindre ce point, nous devons
mentionner le sentier qui quitte la route au ruisseau de Larry et conduit
dans la vallée d'Ossau, en été seulement.

On arrive ensuite au Lazaret dont nous avons déjà parlé, puis aux

Forges-d'Abel, actnellement abandonnées. C'est là que, pendant longtemps, s'est arrêtée la voie carrossable dont le projet primitif, tel qu'on le trouve encore sur certaines cartes, faisait passer la route sur la rive gauche du gave pour repasser la rive droite en amont du ruisseau de Paillette. Mais les travaux exécutés de 1859 à 1861 ont maintenu la route sur la rive droite et c'est ainsi qu'elle atteint le col de Somport, à 1,640 mètres au-dessus du niveau de la mer. Au-dessus des Forges-d'Abel, entre la rive gauche du gave et le ruisseau de l'Espelunguère, se trouve le bois d'Angles au-dessus duquel on remarque le magnifique lac d'Estaès dont le côté nord forme la limite française.

M. Labroue lit des extraits du travail publié par lui sur : *Salies-de-Béarn ; la ville et les environs ; son historique ; ses eaux*. Il donne notamment des indications sur la population de Salies, sur son histoire, ses eaux salifères et cite les appréciations, très favorables à ces eaux, de M. le Dr Garrigou.

C'est à la station de Puyôo, sur la ligne de Bordeaux à Pau ou de Bayonne à Toulouse, qu'on s'arrêtait, l'an dernier encore, pour aller à Salies. On achevait, en juillet 1884, la ligne du chemin de fer qui va aujourd'hui à Salies et à Saint-Palais. Il y a huit kilomètres de Puyôo à Salies. La route est accidentée, elle a deux grandes côtes ; c'est dire que le pays est montueux et qu'il annonce l'approche des Pyrénées.

Salies est situé dans un bas-fonds entouré de coteaux ; c'est un chef-lieu de canton de l'arrondissement d'Orthez ; il a 5,200 habitants. Il y a vingt ans, il était d'un tiers plus populeux. « Mais la maladie des vignes ayant » ruiné beaucoup de familles, plus de 2,000 habitants émigrèrent vers le » Nouveau-Monde. On essaie maintenant de rendre la prospérité à Salies, » en attirant la grande foule des malades vers son établissement de bains ; » car peu de sources sont aussi riches que les siennes en principes salins » et produisent des effets thérapeutiques plus remarquables. » (Élisée Reclus, *La France*.) . . . .
La ville de Salies appartint pendant le moyen âge à la vicomté de Dax et fut administrée par un viguier. Elle formait alors un des cinq vics du Béarn, et la cour Mayor, composée des souverains et des douze barons, y venait tenir ses assises aux époques fixées. La ville fut de bonne heure organisée en municipe ; elle se divisait en quatre quartiers, avait sa maison commune, son beffroi, des jurats royaux et un garde-boursier chargé de prélever les impôts.
Les jurats avaient les fonctions politiques et judiciaires et ils étaient, en outre, chargés des eaux salées. Les personnes qui s'occupaient de la préparation et de la vente du sel formaient une corporation divisée en quatre cinquantaines, chacune ayant son trésorier . . . .
MM. Filhol et Leymerie, de la Faculté des sciences de Toulouse, ont étudié les gîtes salifères des Pyrénées. Ces bancs de sel proviennent des eaux de l'Océan et de la Méditerranée qui, dans une époque préhistorique, avaient leur Gibraltar au col de Naurouze. Le banc de Salies est situé à 63 mètres de profondeur au-dessous de la ville.
Joanne appelle *le Raillat* la source de Salies. C'est une erreur ; il n'y a jamais eu de *Raillat* à Salies. La place sur laquelle était la fontaine porte le nom de Beda-Bayàa : de là le nom de Béda donné à la source saline. Le trou d'où jaillit l'eau porte le nom de *goueil* (œil). Ce mot se retrouve partout pour désigner des sources : le goueil du Saleys (source du Saleys), le goueil de Jouéou œil de Jupiter), une des sources de la Garonne. Nous

trouvons aussi ce mot dans la langue arménienne : le goueil de l'Euphrate, la source de l'Euphrate, dans les montagnes de l'Arménie.

Les eaux ont été analysées par MM. Figuier, Mialhe, Leymerie, Filhol, Durand, Henry père et fils, Pommier, Réveil, Garrigou, Bouquetet, etc. Elles sont sept fois plus salées que les eaux de l'Océan et de la Méditerranée. Un litre d'eau de Salies contient 257 grammes de sel ; un litre d'eau de l'Océan, 32 grammes ; un litre d'eau de la Méditerranée, 38 grammes. Les eaux de la mer Morte, qui sont très salées, n'ont que 227 grammes de sel par litre . . . .

Les bains salés, mitigés au début et augmentés progressivement, modifient complètement l'état d'affaissement physique et moral des hommes d'étude, que le Dr Foix appelle le *surmenage intellectuel,* et qui conduit souvent au ramollissement du cerveau. . . . .

L'ouverture de la saison balnéaire commence en mai et se termine en novembre. Il n'y a jamais affluence de baigneurs : beaucoup d'enfants, beaucoup de femmes, moins d'hommes. Il y a peu de malades fantaisistes, car le séjour de Salies a peu d'agréments et la vie y est monotone pour ceux qui ne sont pas en famille.

Malgré cela, on ne saurait trop faire d'éloges d'une telle station. Les eaux, convenablement appliquées, produisent d'excellents résultats ; les médecins ont soin de vous signaler, avec conscience, toutes les maladies pour lesquelles les eaux de Salies produisent de mauvais résultats, tandis qu'ailleurs la plupart des docteurs présentent leurs eaux comme des panacées. Enfin, les habitants sont d'une honnête simplicité et l'on trouve chez eux une vie confortable et relativement à bon marché. Chose rare et digne de remarque, cette station, qui a des eaux uniques, n'avait pas l'an dernier un journal local qui fît son éloge hebdomadaire et appelât sur elle l'attention des étrangers.

La séance est levée à quatre heures.

LUNDI 7 SEPTEMBRE 1885

SÉANCE PUBLIQUE DU SOIR

Au Théâtre (salle des Ouvriers).

Présidence de M. le commandant BONETTI.

Conférence de M. Franz SCHRADER sur l'*Himalaya.*

La séance est ouverte à huit heures et demie.

M. le commandant BONETTI montre d'abord des projections relatives à la communication qu'il avait faite, dans la séance de l'après-midi, sur la vallée d'Aspe. (Vue photographique du fort du Portalet, prise de la route en aval. Plan relief de la haute vallée d'Aspe, carte explicative de ce plan. Reproduction d'une plaque moulée sur une maison du village de Borce.)

M. Franz SCHRADER parle de l'Himalaya. Comparant d'abord, à l'aide d'une projection, l'Himalaya aux Pyrénées et aux Alpes, il fait voir ensuite, sur une carte dressée par lui, les dimensions,

la direction, les formes véritables de l'immense massif de
l'Himalaya. Il indique ses principaux sommets, les plus élevés du
globe, les neiges qui les couvrent, les énormes glaciers qui les
enchâssent, les terribles ouragans qui se déchaînent dans ces
solitudes si souvent inaccessibles, les grandes brèches ouvertes
entre les hauts sommets. Il montre les fleuves qui prennent leur
source dans le massif, et en particulier le mystérieux Dzangbo,
cours supérieur probable du Brahmapoutre. Il dit les tentatives
énergiques faites pour arriver à la connaissance de l'ensemble
des massifs de l'Himalaya, les relevés scientifiques des officiers de
l'état-major anglais, les reconnaissances tentées au loin, malgré
de nombreux périls, par ces mystérieux éclaireurs de la science,
ces collaborateurs anonymes d'une œuvre dont ils ne connaissent
pas le plan général, les *paundits* indous; en particulier il inté-
resse l'auditoire aux aventures et au dévouement d'un paundit
fameux, quoiqu'on ne sache pas son nom et qu'on ne le connaisse
que sous l'appellation conventionnelle de deux lettres de l'alphabet: A. K. Il parle enfin de ces savants qui essaient d'arracher à
l'Himalaya ses secrets et à qui les moutons servent de bêtes de
somme, de ces touristes pour qui les escalades dans nos Alpes
européennes ne sont qu'un jeu et dont la curiosité intelligente a
fait faire de grands progrès aux connaissances géographiques:
c'est ainsi que le Gaurisankar, considéré jusqu'à nos jours
comme la plus haute cime du monde, serait dépassé lui-même
par un autre sommet dont il masquait la vue. — De nombreuses
projections ont suivi le récit de M. Schrader. Le texte de cette
conférence sera publié ultérieurement dans la *Bulletin* de la
Société de Géographie commerciale de Bordeaux.

MARDI 8 SEPTEMBRE 1885

SÉANCE DU MATIN

(Salle du Collège.)

Présidence de M. HAUTREUX, vice-président de la Société de Géographie
commerciale de Bordeaux.

M. de Montour : Canal de la Garonne à la Loire supérieure par la vallée de la Dordogne (rapport de
M. Labroue). Discussion. Vœu. — *M. Carlos de Mello :* Programmes pour les cours de géographie
économique et d'histoire du commerce. (Rapport de *M. Maillefert*). — *M. B. Girard :* Ouvrages
présentés au Congrès. (Rapports de *MM. Maillefert, Labroue, Conte*). — *M. Bayssellance :* Rapport
sur une carte du Causse noir. — *M. Manès :* Étude et balisage de la côte au cap Guardafui ; vœu
Musées commerciaux ; vœu.

La séance est ouverte à neuf heures.

M. LABROUE présente, au nom de M. de Montour, un mémoire
spécialement imprimé, par les soins de M. de Montour, pour le
Congrès de Bergerac. Ce mémoire a pour titre: « *Congrès régional*

de Bergerac. — Canal de la Garonne à la Loire supérieure par la vallée de la Dordogne, » et est signé : « *Pour les promoteurs du projet du canal de Bordeaux à la Loire supérieure par la vallée de la Dordogne, l'un des promoteurs, baron de Montour, membre de la Société de Géographie commerciale de Bordeaux.* »

Cinquante exemplaires de ce mémoire viennent d'arriver et sont distribués aux membres du Congrès.

Lecture est donnée de ce mémoire. En voici quelques extraits :

Quatre tracés, dit le mémoire, ont été proposés pour le « Canal de jonction de la Garonne à la Loire », dont les pouvoirs publics ont voté, en principe, l'établissement par la loi du 5 août 1879, relative au classement et à l'amélioration des voies navigables, en se réservant formellement la désignation du tracé définitif.

Ces quatre tracés ont tous Libourne pour point de départ, et comportent un prolongement sur Bordeaux, par un canal traversant l'Entre-deux-Mers et aboutissant à Lormont.

De ces quatre tracés, trois ont été étudiés par le service des ponts et chaussées, sous la direction de M. l'ingénieur en chef Dingler.

L'étude de l'administration a eu pour objectif d'aller à la Loire, soit directement vers Caudes, au confluent de la basse Loire et de la Vienne, en passant par Angoulême, Poitiers et Châtellerault, soit indirectement par le canal du Berry, en aboutissant à ce dernier, soit à Saint-Amand-Montrond, par Angoulême et Châteauroux, soit à Montluçon, par Périgueux et Limoges.

Le quatrième tracé, par la vallée de la Dordogne, étudié par M. Rozat de Mendres, inspecteur général des ponts et chaussées en retraite, assisté de M. Ch. Harrand, ingénieur, au nom d'une Compagnie particulière, a eu pour objectif d'aller rejoindre le plus directement possible la Loire supérieure à Diou, près Digoin, c'est-à-dire à la rencontre du canal du Centre et des canaux de l'Est, de façon à obtenir une ligne d'eau non interrompue de Bordeaux jusqu'à Bâle et à résoudre ainsi le problème de la création d'une voie navigable internationale de Bordeaux vers la Suisse et l'Allemagne..... Le canal établi sur la rive droite de la Dordogne a son point de départ à Libourne, passe à Castillon, Sainte-Foy-la-Grande, La Force, Bergerac, Lalinde, Saint-Cyprien, Domme, Souillac, Vayrac, Beaulieu, Argentat ; de là, le tracé, abandonnant le fond de la vallée, s'élève sur les plateaux, en passant par la Roche-Canillac, Lapleau, non loin de Meymac, Egletons, où il se rapproche du chemin de fer de Clermont à Tulle ; puis, près de Liginiac, non loin du bassin houiller de Champagnac, sur la rive gauche de la Dordogne ; passe à Eygurandes, près de Bourg-Lastic, jusqu'au bief de partage, à Herment-Verneughéol-Condat. De là, le tracé, descendant sur les versants de l'Allier, passe à Pontaumur, Saint-Éloy, dont il longe le bassin houiller, Janzat, où il traverse la Sioule, Billy, où il traverse l'Allier, Varenne, Jaligny, Dompierre et enfin aboutit à Diou, près Digoin. L'élévation au bief de partage se fait au moyen d'ascenseurs hydrauliques successifs.

Le mémoire de M. de Montour est présenté au nom des promoteurs du projet de canal de la Garonne à la Loire supérieure par la vallée de la Dordogne, et a pour objet de recommander l'adoption de ce projet de préférence aux autres projets de canal de jonction entre la Garonne et la Loire.

Après la lecture du mémoire, M. LABROUE présente quelques observations et appuie les conclusions de M. de Montour demandant que le canal projeté de la Garonne à la Loire passe par la vallée de la Dordogne. Il propose un vœu favorable à l'étude du projet de canal par la vallée de la Dordogne.

MM. BAYSSELLANCE et BONETTI ne font pas opposition à un vœu favorable à la mise à l'étude de ce projet. Mais ils demandent que le vœu fasse aussi mention d'autres projets et notamment du projet de canal de la Garonne à la Loire par la vallée de la Charente.

M. LABROUE répond que, puisque la vallée de la Charente n'a pas envoyé de délégués au Congrès pour défendre ses intérêts, il est tout naturel que les délégués de la vallée de la Dordogne défendent les leurs. Il présente quelques considérations sur le trafic de la vallée de la Dordogne comparé, dit-il, à celui de la petite partie de la vallée de la Charente que longerait le canal.

M. le PRÉSIDENT résume le débat et explique le sens du vote qui va suivre. Le projet de canal de jonction entre la Garonne et la Loire est un grand projet d'intérêt général ; ce projet présente diverses variantes qui sollicitent les préférences locales de telle ou telle ville : tracé par la vallée de la Charente et Angoulême, tracé par la vallée de l'Isle et Périgueux, tracé par la vallée de la Dordogne et Bergerac, etc. Il résulte des scrupules dont MM. Bayssellance et Bonetti se sont faits les interprètes que les membres du Congrès, tout en émettant un vœu favorable à l'étude d'un de ces projets, n'entendent ni rejeter l'étude des autres projets ni indiquer une préférence.

M. le Président fait relire le texte du vœu présenté par M. Labroue.

En conséquence, et conformément aux explications données par M. le Président, le vœu suivant est adopté à l'unanimité :

Les délégués du Groupe géographique du Sud-Ouest, réunis en Congrès à Bergerac, demandent à M. le Ministre des travaux publics de vouloir bien favoriser les études pour l'établissement d'un canal de la Garonne à la Loire par la vallée de la Dordogne, et ils signalent à son attention le projet de tracé soumis au Congrès.

M. MAILLEFERT, professeur au collège de Bergerac, rend compte d'un mémoire manuscrit soumis au Congrès de Bergerac par M. CARLOS DE MELLO, membre correspondant de la Société de Géographie commerciale de Bordeaux, officier de marine, professeur de géographie économique et d'histoire du commerce à l'École supérieure de commerce de Lisbonne. Le mémoire de M. Carlos de Mello comprend une série de *programmes pour les cours de géographie économique et d'histoire du commerce, d'accord avec l'état actuel de la science.*

Le mémoire de M. Carlos de Mello contient deux parties distinctes :

1° *Géographie économique.* L'auteur indique les rapports entre la terre et l'homme; les rapports de la production avec le sol, le climat et la race; les rapports entre la géographie, le commerce et l'économie politique et leur mutuelle dépendance. Ces préliminaires posés, l'auteur passe à l'application et donne pour base à son cours l'étude du sol, du climat et des races. Il prend pour exemple le pays d'origine, étudie ensuite plus rapidement les autres contrées de l'Europe, puis les diverses parties du monde. Hors d'Europe, il insiste sur les régions importantes par leur population, leurs productions, l'intérêt colonial qu'elles présentent. L'Afrique lui fournit l'occasion d'expliquer l'utilité et l'histoire du canal de Suez, d'examiner les nombreux établissements coloniaux tels qu'ils résultent des plus récentes entreprises. En terminant, l'auteur étudie les grandes voies de circulation internationale, les lois et les caractères de l'émigration et de la colonisation.

2° *Histoire du commerce.* L'auteur montre d'abord les rapports de l'homme et du travail, du commerce et de la civilisation. Il prend la civilisation à ses débuts, dès les temps préhistoriques, et poursuit le développement de ses diverses phases économiques à travers les âges et les peuples. Il montre combien les progrès du commerce sont liés aux progrès des idées et aux progrès de la science, et fait voir que le commerce tend de plus en plus à se dégager de la tutelle administrative et que son avenir repose sur l'initiative individuelle et sur la liberté.

M. Maillefert loue les vues abondantes et larges de ce mémoire, la sûreté de la méthode, la netteté de l'exposition. Il est heureux de retrouver dans cet ouvrage venu du Portugal un accord intime avec les idées répandues en France et appliquées en France dans l'enseignement. La France, qui sait l'importance de la géographie, a fait, dans ses écoles, une large place à la géographie économique.

M. B. Girard, membre du Groupe géographique du Sud-Ouest (section de La Rochelle), commissaire-adjoint de la marine, a envoyé au Congrès quatre ouvrages où il a consigné le résultat des études faites par lui au cours d'une campagne navale, de 1881 à 1883, en qualité de commissaire de la division navale française du Levant.

Des rapports sur ces ouvrages sont présentés au Congrès par MM. Maillefert, Labroue, Conte.

M. Maillefert résume l'ouvrage de M. B. Girard qui a pour titre : *Les côtes de la Syrie et de l'Asie-Mineure.* Il fait ressortir l'intérêt de cet ouvrage au point de vue archéologique et économique.

M. Labroue rend compte du livre présenté au Congrès par M. B. Girard : *La Grèce en 1883*.

Le livre de M. Girard, *La Grèce en 1883*, est, dit M. Labroue, un exposé très complet de l'état de la Grèce actuelle. Il reproduit quelques-uns des documents que nous avions déjà extraits du *Messager d'Athènes*. Nous ne pouvons étudier *La Grèce en 1883* à tous ses points de vue. Nous parlerons seulement de la population et de l'instruction.

Le Bureau de statistique de la Grèce a publié le recensement de l'année 1879. La population de ce pays s'élève à 1,677,478 habitants. La Grèce est divisée en 13 nomarchies, 59 éparchies ou arrondissements (¹) et 366 communes. Les éparchies de Zante, Santorin, Spezia, ont subi une légère diminution dans la population. La commune du Pirée a suivi une marche ascendante extraordinaire. Elle a 21,618 habitants. Elle n'en avait que 6,452 en 1851, et 11,047 en 1870. Athènes, qui n'avait en moyenne que 50,000 habitants, en a 80,000 aujourd'hui. La population du royaume est composée de 357,727 familles, logées dans 335,159 maisons (à peu près une maison par famille). Il y a 10,000 établissements publics.

Il y avait en 1879, en Grèce, 250,000 hommes âgés de 20 à 40 ans, ce qui permettait de mobiliser une armée de 170,000 hommes. Elle sera de 200,000 avec les contingents de la Thessalie et de l'Albanie.

Un peu plus de la moitié de la population appartient à la classe agricole (²). Les marins et les marchands forment un dixième, les ouvriers un neuvième de la population. Il y a 1,690 avocats, 7 journalistes de profession, 1,280 médecins, 47 pharmaciens, 7,652 prêtres (³), 2,194 professeurs et instituteurs, 624 institutrices. Le nombre des individus sachant lire et écrire est de 31 % pour les hommes et de 7 % pour les femmes. A Athènes, la proportion est de 50 %. Il y a en moyenne 9 écoles pour 10,000 habitants, la moitié de celles qui existent en France pour une même population. Il y a en fonctions 1,117 instituteurs et 175 institutrices : un instituteur pour 60 et une institutrice pour 71 élèves. Les écoles de garçons sont fréquentées par 134,992 élèves âgés de 10 ans et au-dessous ; celles de filles par 114,561 élèves. Le budget de l'instruction primaire est de 1,761,486 drachmes (⁴) (1,585,337 fr.). Le gouvernement grec s'occupe déjà d'enlever à l'ignorance les populations de la Thessalie et de l'Albanie qui viennent d'être annexées à la Grèce.

Le ministre de l'instruction publique a été autorisé à ouvrir des écoles de garçons et de filles dans ces nouvelles provinces où le Divan n'entretenait aucune école aux frais de l'État. Des commissaires royaux chargés de faire une inspection ont désigné les localités où devront être établis des gymnases ou lycées et des écoles primaires. Larissa, Arta, Trikala, Volo seront dotées d'établissements d'enseignement secondaire ; un grand nombre de villages auront des écoles primaires.

(¹) Les nouvelles provinces (Albanie et Thessalie du Sud) viennent d'être divisées en 8 éparchies : Larina, Tyrnovo, Karditza, Trikala, Pharsala, Volo, Almyro et Arta. Chaque éparchie compte 10,000 habitants au moins.

(²) Les paysans grecs sont des pasteurs plutôt que des agriculteurs. Il y a 1,900,000 hectares de pâturages et il n'y a que 800,000 hectares de terres cultivées, dont 50,000 en vignobles produisant un million d'hectolitres.
Cependant l'agriculture prend chaque jour plus de développement. On a fondé une école agricole à Tyrinthe (province de Nauplie).

(³) La Grèce n'avait pas de moines en 1879 ; l'annexion de la Thessalie méridionale lui a donné les *Météores*, où se trouvent 10 couvents.

(⁴) La drachme vaut 0 fr. 90.

On aura de la peine à trouver, dès le début, le nombre suffisant d'instituteurs et d'institutrices pour tant d'écoles. On compte qu'en améliorant la position matérielle des instituteurs, on engagera un certain nombre de jeunes gens à embrasser la carrière de l'enseignement; ils seront aussitôt employés dans les nouvelles provinces.

M. Labroue passe en revue diverses Sociétés et établissements d'instruction (Société Philecpédeftique, Bibliothèque de 80,000 volumes, Société archéologique, École française d'Athènes, École allemande, École des Evelpides, Syllogos musical et dramatique, École grecque de Constantinople). Il termine par cette conclusion empruntée à M. Élisée Reclus *(Géographie universelle)* :

« Heureusement pour les Grecs, leur extrême désir d'apprendre et de savoir, sinon d'approfondir, se fait jour en dépit de l'état de misère dans lequel croupit une grande partie de la population. C'est ainsi que, dans l'île d'Ithaque, les paysans arrêtent les voyageurs instruits pour se faire lire les chants d'Homère. La pénurie du gouvernement n'a pas empêché des écoles primaires de se fonder dans presque tous les villages de la Grèce; en maints endroits, où manquent les bâtiments d'école, les classes se tiennent en plein vent, et les enfants, loin de *songer à faire l'école buissonnière, lèvent à peine les yeux de leurs cahiers pour voir les étrangers qui passent ou les oiseaux qui voltigent.* De même les écoliers des gymnases et ceux des universités d'Athènes et de Corfou se consacrent tous consciencieusement au travail, trop souvent, il est vrai, pour apprendre à pérorer : ce n'est point en Grèce que l'on voit de ces étudiants qui, sous prétexte d'aller suivre des cours de science, ne se rendent dans les grandes villes que pour s'y livrer à la débauche. Parmi les douze cents jeunes gens qui fréquentent l'université d'Athènes, il en est qui, pour étudier le jour, emploient une moitié de la nuit à quelque travail manuel, d'autres qui se font domestiques ou cochers pour acquérir leur diplôme de légiste ou de médecin.

» Un pareil amour de l'étude ne peut manquer d'assurer à la nation grecque une influence bien plus considérable que ne pourrait le faire espérer, relativement aux nations voisines, le nombre peu élevé des hommes qui la composent. D'ailleurs, les Grecs considèrent Athènes comme leur centre intellectuel, et c'est là qu'ils envoient étudier leurs jeunes gens. Pour contribuer à la gloire et à la prospérité de la nation renaissante, ils prélèvent une part de leurs revenus et la destinent à la fondation ou à l'entretien des écoles d'Athènes. Et ce ne sont pas seulement les riches négociants de Marseille, de Trieste, de Salonique, de Smyrne qui s'occupent ainsi des vrais intérêts de la patrie; de simples paysans, des veuves illettrées de la Thrace et de la Macédoine emploient également leurs économies à l'œuvre de l'instruction publique. C'est le peuple lui-même qui élève ses écoles, ses musées, et qui paie ses professeurs. L'Académie d'Athènes, l'École polytechnique, l'Université, l'Arsakeion, excellent *collège* consacré à l'éducation des *filles,* doivent leur existence, non au gouvernement, mais au zèle des citoyens hellènes de tous pays.

» On comprend avec quel intérêt la nation entière veille sur ces établissements dus au dévouement de tous, et quelle influence salutaire exercent à leur retour dans leurs provinces respectives les jeunes gens et les jeunes filles sortis des écoles communes de la patrie.

» Ainsi la cohésion que donnent aux Grecs une langue, des traditions

des espérances identiques, voilà ce qui fait leur nation, voilà ce qui réalise
déjà, mieux que les traités, cette union de race qu'ils appellent la « grande
idée » ! Les frontières fixées par la diplomatie n'ont aucun sens au point de
vue du patriotisme hellénique. Qu'ils résident dans la Grèce proprement
dite, dans la Turquie d'Europe ou d'Asie, les Grecs n'en forment pas moins
un seul peuple et n'en vivent pas moins d'une vie nationale commune, en
dehors des gouvernements de Constantinople et d'Athènes. Peut-être même
les plus hellènes de toute la race sont-ils précisément ceux qui habitent la
Turquie, loin de l'influence corruptrice de la bureaucratie grecque. C'est
à l'étranger qu'ont été le mieux gardées les traditions et la pratique de la
vie municipale et que l'initiative du citoyen grec s'exerce le plus librement.
Aussi l'ensemble de la nation doit-il être considéré comme formé de la
race tout entière, soit près de quatre millions d'hommes. Tel est le groupe
de populations dont l'influence, déjà considérable et grandissant tous les
jours, ne peut manquer d'exercer une influence capitale sur les destinées
futures de l'Europe méditerranéenne. »

M. Hautreux fait suivre le rapport de M. Labroue de quelques
anecdotes qu'il a rapportées de ses voyages en Orient; il parle
d'un pâtre hellène lui récitant avec enthousiasme les vers de
l'*Iliade*.

M. le capitaine Conte résume deux autres ouvrages envoyés
par M. Girard: *Souvenirs de l'expédition de Tunisie* et *L'Égypte
en 1882*. Dans ces ouvrages, M. Girard présente le résultat de ses
observations personnelles; il donne des indications très détaillées
au sujet du canal de Suez et de son histoire. M. Conte a reconnu
dans les ouvrages de M. Girard, outre les mérites de la forme, des
recherches historiques et archéologiques très sérieuses et des
détails de géographie économique d'un grand intérêt.

M. Bayssellance, membre de la Société de Géographie commerciale de Bordeaux, ingénieur de la marine, chargé, avec M. Franz
Schrader, d'examiner une carte offerte au Congrès par M. Magne,
agent-voyer à Corbeil, rend compte de l'examen rapide qu'il vient
de faire avec son collègue.
Cette carte est la *reproduction photolypique d'un relief* de la
région si curieuse et si pittoresque du *Causse noir et du massif
de l'Aigoual*. M. Bayssellance pense que le Congrès géographique ne saurait trop encourager ce genre de travaux. La simple
vue d'un relief bien exécuté fait mieux connaître un pays forte-
ment accidenté qu'une longue étude ou une carte ordinaire. Il est
donc à désirer que des reliefs de toutes les régions montueuses
de la France soient bientôt exécutés.
Les cartes reproduisant l'aspect de ces reliefs présentent aussi
un grand intérêt lorsqu'elles donnent bien le sentiment des saillies
et des dépressions du sol. La multiplication de ce genre de cartes
serait très utile. M. Bayssellance demande donc que le Congrès
adresse ses remerciements et ses félicitations à M. Magne.
Il croit cependant devoir formuler une légère critique sur l'exé-

cution de cette carte. L'obliquité de la lumière qui a éclairé le
relief est telle que certaines portions presque verticales du sol
ont été éclairées exactement de la même manière que les portions
horizontales qui leur font suite. Ainsi il est impossible de distinguer le versant méridional de la vallée de la Jonte et le versant
occidental de la vallée de l'Hérault, si escarpés tous les deux, des
plateaux du Causse noir et de l'Espérou. Un éclairage dirigé un
peu différemment aurait pu faire saillir à l'œil la séparation entre
ces deux surfaces presque perpendiculaires l'une à l'autre.

M. Bayssellance remarque aussi sur la carte l'indication que,
dans l'exécution du relief, l'échelle des hauteurs a été doublée.
C'est là, aux yeux des orographes, une faute très regrettable. La
plus grande utilité d'un relief est de faire apprécier la vraie forme
du terrain. L'œil est naturellement porté à s'exagérer le rapport
des hauteurs aux distances horizontales et à se représenter une
chaîne de montagnes comme une haute et étroite muraille. En
flattant cette erreur par l'exagération de l'échelle des hauteurs,
on peut obtenir un effet plus saisissant sur le spectateur inexpé-
rimenté, mais on contribue à fausser son appréciation et c'est ce
qu'il faut éviter par dessus tout.

La méthode de doubler, et même de décupler, au besoin,
l'échelle des hauteurs, est indispensable dans une étude de voie à
construire, où il faut retracer un long parcours sur une feuille de
papier peu étendue et distinguer néanmoins les légères dénivel-
lations importantes dans l'exécution; mais ce procédé doit être
absolument banni de tout ce qui est destiné à l'enseignement
géographique.

M. MANÈS attire l'attention du Congrès sur la nécessité, démon-
trée par diverses catastrophes et en dernier lieu par le naufrage
de l'*Aveyron,* de faire l'*étude sérieuse* et le *balisage de la côte au
cap Guardafui.*

Vous vous rappelez, dit-il, le naufrage de l'*Aveyron,* ce transport de
l'Etat qui, revenant du Tonkin, s'est perdu au cap Guardafui l'année dernière, et le jugement du conseil de guerre maritime de Toulon qui
acquitta le commandant Michelin. Par les témoignages apportés au procès
il a été établi que les cartes françaises et anglaises ne sont pas d'accord
sur la position exacte de Guardafui et qu'il existe, le long de la côte, un
courant dirigé du nord au sud qui n'est pas indiqué sur ces cartes. La
Société de Géographie commerciale de Bordeaux s'est émue de cette cons-
tatation et elle a insisté aussitôt pour que des mesures soient prises afin
d'éviter la reproduction d'un pareil accident.

« Les causes de la perte de l'*Aveyron* étant connues, disait-elle dans son
» *Bulletin* (¹), il ne suffit pas d'acquitter le commandant Michelin et de
» compter sur la publicité de cette malheureuse affaire pour prévenir le
» retour d'une semblable catastrophe. Antérieurement à l'*Aveyron,* le
» paquebot le *Nil* s'est perdu dans les mêmes parages et le sort de ce

(¹) *Bulletin* du 17 novembre 1884, n° 22, p. 655-656.

» paquebot n'a pas suffi pour avertir le commandant Michelin qu'il y avait,
» sur cette côte inhospitalière, un passage dangereux qui nécessitait un sur-
» croît de précautions. Après le *Nil* et l'*Aveyron*, sur cette route qui
» aboutit à la mer Rouge et au canal de Suez et qui est fréquentée par les
» navires de toutes les nations, qu'ils viennent du Tonkin ou de l'Inde, du
» Cap ou de l'Australie, d'autres navires éprouveront le même sort si des
» mesures de prévention efficaces ne sont prises immédiatement. Aussi
» nous n'hésitons pas à conclure des faits qui précèdent :
» 1° Qu'il est absolument nécessaire, dans l'intérêt général de toutes les
» nations civilisées, de baliser et d'éclairer le plus tôt possible la côte des
» Çomalis, sauf à protéger chaque phare, contre les attaques des naturels,
» pillards et intéressés aux naufrages, en l'entourant d'un fortin muni
» d'une garnison fournie par les diverses nations européennes ;
» 2° Qu'il n'est pas moins indispensable, en présence des différences
» constatées entre les cartes anglaises et les cartes françaises, d'envoyer
» sur les lieux, *le plus tôt possible*, une mission hydrographique qui relè-
» verait la véritable configuration du littoral et des récifs et y étudierait,
» mieux que cela n'a été fait jusqu'à ce jour, le régime des courants. »

Ces conclusions ont été appuyées par la Société de Géographie de Toulouse, mais la Société de Géographie commerciale de Bordeaux pense
qu'il serait utile de les communiquer, sous forme de vœu, à M. le Ministre
de la marine. J'ai l'honneur de proposer en conséquence au Congrès
régional de Bergerac d'émettre le vœu dont il s'agit, et qui, s'il était pris en
considération par le gouvernement, aurait pour la sécurité, sur la côte des
Çomalis, des marins de tous les peuples civilisés les meilleurs résultats.

Après quelques observations de M. Hautreux, le Congrès, prenant
en considération la proposition qui vient de lui être faite, émet
le vœu :

Qu'en raison des nombreux sinistres qui se sont produits
au cap Guardafui, l'étude sérieuse et le balisage de cette
côte soient faits par le gouvernement français.

M. MANÈS fait ensuite la communication suivante sur les
Musées commerciaux :

De toutes les mesures proposées dans ces dernières années pour favoriser le développement de notre commerce et de notre industrie nationale,
la création de musées commerciaux est certainement l'une des plus utiles
et des plus nécessaires. Ce n'est, en effet, qu'en examinant les produits
eux-mêmes, apprêtés, préparés pour la vente, munis d'étiquettes indiquant non seulement leurs prix, mais encore les droits de douane et les
autres taxes dont ils sont frappés, que nos nationaux seront à même de
juger s'ils peuvent lutter, dans la région de provenance de l'échantillon,
soit contre l'industrie locale, soit contre la concurrence étrangère.

Avec infiniment moins de dépenses que les expositions générales, les
musées commerciaux présentent le double avantage de mieux s'appliquer
aux besoins d'une région déterminée et de mettre constamment sous les
yeux des intéressés, par leur caractère permanent, les éléments d'infor-
mation, matières premières et produits fabriqués, dont ils ont besoin. Ils
sont de plus constamment tenus au courant des faits nouveaux au fur et à
mesure qu'ils se produisent, soit au point de vue de la fabrication, soit à
celui du développement géographique et commercial. Pour réunir ces élé-

ments, l'initiative, l'activité et l'intelligence de nos commerçants et de nos industriels ne peuvent suffire, et il est indispensable qu'elles aient pour auxiliaire l'action de l'Etat s'exerçant sur tous les points du globe par l'intermédiaire des agents qu'il rétribue. Le concours des consuls et des chambres de commerce françaises récemment créées à l'étranger, pour peu qu'il soit encouragé, donnera d'excellents résultats et le commerce pourra recueillir promptement, de ces deux sources, des renseignements précieux et de nombreux échantillons de ces produits manufacturés avec lesquels les étrangers, Anglais, Allemands, ou Américains, arrivent à nous enlever la place à laquelle a droit notre industrie sur les marchés d'outre-mer.

C'est dans ce but que M. le Ministre du commerce, à la suite d'un rapport de M. Félix Faure, député du Havre, et sous-secrétaire d'Etat au ministère de la marine et des colonies, s'est décidé en 1883 à charger une commission de lui présenter une étude sur l'organisation en France de musées commerciaux comme ceux qui ont déjà été établis dans d'autres pays voisins, et notamment en Belgique, en Allemagne et en Italie. Pour préparer les voies à cette commission, M. le Ministre, qui hésitait entre l'idée primitivement préconisée par M. Félix Faure d'un musée unique à Paris et celle de musées régionaux, consultait, le 11 septembre 1883, les chambres de commerce par la circulaire suivante :

« Monsieur le Président,

» La création de musées commerciaux a été fréquemment présentée » comme l'un des moyens propres à favoriser le développement de notre » commerce et de notre industrie. Mon département n'oublie point qu'il » doit tous ses efforts à la réalisation des projets destinés à faciliter à nos » producteurs la lutte contre la concurrence étrangère. Mais pour que » ces efforts ne soient point inutiles, il faut qu'ils s'accordent exactement » avec les désirs et les besoins du commerce national. Il m'a donc semblé » nécessaire de consulter, avant toute résolution, sur la question des » musées commerciaux, ceux qui ont mission de le représenter et je vous » prie, Monsieur le Président, d'appeler votre Chambre à délibérer sur » l'opportunité de créations de ce genre.

» Il ne vous échappera pas, d'ailleurs, que les avantages que notre com- » merce pourrait retirer de ces musées dépendraient moins de l'institution » elle-même que de la façon dont elle serait organisée. Aussi ai-je cru » devoir grouper ci-dessous diverses considérations sur lesquelles il m'a » paru particulièrement intéressant de connaître le sentiment de votre » Chambre. On peut penser d'abord que, pour être vraiment fructueuse, » l'idée devrait être appliquée d'une façon générale. Un seul musée fondé » à Paris ne serait accessible qu'à un très petit nombre de commerçants » et d'industriels français, et cependant, par la variété des matières et des » produits exposés, il devrait s'adresser à tous.

» De là des difficultés considérables dans la pratique, de grandes » dépenses et qui ne seraient point en proportion des résultats; et aussi » une regrettable inégalité de traitement. Car si l'utilité de ces établisse- » ments était reconnue, il serait juste que tous les centres où l'on échange » et où l'on fabrique en fussent dotés.

» D'un autre côté, des musées régionaux servant principalement à cer- » taines branches du commerce ou de l'industrie pourraient bien plus » facilement et plus sûrement être pourvus de tous les échantillons néces- » saires pour offrir aux intéressés un enseignement complet et profitable.

» En outre des matières brutes et ouvrées, ils devraient contenir des
» descriptions, des figures et même autant que possible des spécimens
» destinés à mettre tant les ouvriers que les chefs de maison au courant
» de l'outillage et des procédés de fabrication employés par les rivaux étran-
» gers des industries dominantes dans la région.

» Quant à l'administration de ces musées, il semble qu'elle pourrait être
» normalement et utilement confiée aux chambres de commerce. Ces
» chambres sont, en effet, chargées d'administrer les établissements créés
» pour l'usage du commerce, comme les magasins de sauvetage, entrepôts,
» conditions pour les soies, etc... Ce sont elles dont les membres sont direc-
» tement mêlés au mouvement des affaires qui composeraient les collec-
» tions de la façon la plus conforme aux intérêts commerciaux de leur
» circonscription et veilleraient avec plus de compétence à leur renouvel-
» lement. Il est inutile d'ajouter que le gouvernement ne se désintéresserait
» point pour cela de ces entreprises et que son concours ne ferait pas
» défaut chaque fois qu'il y serait fait appel.

» Je vous serai obligé, Monsieur le Président, de faire savoir à votre
» Chambre que j'attacherai du prix à connaître, dans le plus bref délai
» possible, les observations que lui aura suggérées la présente circulaire.

» Recevez, etc.

> *Le Ministre du commerce,*
» Signé : HÉRISSON. »

La réponse fut favorable, et presque toutes les chambres de commerce
adhérèrent aux vues de cette circulaire qui faisait ressortir les avantages
beaucoup plus grands qu'auraient des musées locaux et régionaux. Trente-
cinq chambres de commerce sur quarante repoussèrent l'idée d'un musée
unique à Paris, et la Chambre de commerce de Bordeaux fut de ce nombre.
Dans sa réponse, elle eut soin d'ailleurs de faire remarquer que, dès la
création de notre École supérieure de commerce et d'industrie, les fondateurs de cet établissement avaient compris la nécessité de mettre à la disposition des cours de nombreuses collections qui, réunies dans de vastes
salles accessibles au public, constituaient déjà, dans la région du Sud-Ouest,
les premiers éléments d'un véritable musée commercial et industriel. Au
point où il en est maintenant, ajoutait-elle, le musée de l'École supérieure
de commerce et d'industrie de Bordeaux deviendrait facilement un musée
commercial des plus complets, s'il obtenait de M. le Ministre du commerce
le concours que sa circulaire laisse espérer.

A la suite de cette enquête, M. le Ministre du commerce s'empressa de
désigner la Commission d'étude qui devait préparer les mesures administratives nécessaires à la fondation des musées commerciaux. Présidée par
M. le sénateur Claude, elle était composée de sept membres, dont trois
présidents de chambre de commerce, ceux de Lyon, de Lille et de Rouen.
Cette Commission se mit promptement à l'œuvre et, après plusieurs réunions dans lesquelles elle prit connaissance des réponses des chambres de
commerce et entendit des communications précieuses sur le fonctionne-
ment des musées de Bruxelles et de Berlin, elle prépara un programme
que, dès le 15 mars 1884, elle soumettait, avec un long et substantiel
rapport, à l'approbation de M. le Ministre du commerce.

« Le musée commercial devra être, » dit la Commission dans ce rapport,
« une exposition de matières premières et de produits ouvrés étrangers,
» intéressant plus particulièrement la région, et si les chambres de com-
» merce le jugent utile, des produits de la région. Il aura le plus grand
» intérêt au point de vue de l'enseignement technique et du commerce

» d'importation et d'exportation. En conséquence, le but qu'on se propose
» en propageant de telles institutions est de faire connaître aux négociants
» les matières premières qu'ils pourraient importer en France avec avan-
» tage; aux ouvriers et aux industriels, les procédés de fabrication usités
» à l'étranger; enfin, et c'est le point important, de renseigner notre com-
» merce d'exportation sur les produits étrangers accueillis avec faveur sur
» les marchés du monde. Ces musées faciliteront à nos industriels l'imita-
» tion ou le perfectionnement des produits fabriqués par l'étranger et
» mettront nos nationaux en mesure de lutter contre la concurrence étran-
» gère, en leur faisant connaître le goût et les besoins du consommateur. »

Et la Commission termine son rapport par ces conclusions :

« 1° Il y aura intérêt à fonder des musées commerciaux dans les grands
centres industriels et commerciaux. Ces musées seront, quant aux produits exposés, spéciaux à chacune des régions où ils seront fondés.

» 2° Le caractère de musée commercial sera reconnu à tout établissement
de ce genre fondé ou patronné, à un titre quelconque, par une chambre de
commerce.

» 3° Les dépenses des musées devront, en principe, être supportées par les
institutions locales (chambres de commerce, sociétés industrielles, chambres syndicales, etc.) et par les villes qui en seront propriétaires ou qui
auront contribué à leur fondation. A cet effet, les chambres de commerce
pourront être autorisées, sur leur demande et suivant les circonstances,
soit à prélever les dépenses relatives à cet objet sur leurs budgets spéciaux,
soit à les ajouter aux frais de bibliothèques, d'études et autres dépenses
diverses de même nature de leur budget ordinaire.

» Toutefois, l'État ne pouvant point se désintéresser de créations appelées
à produire d'excellents effets pour l'instruction de nos commerçants, de
nos industriels et de nos ouvriers, il y aurait lieu de porter au budget du
ministère du commerce un crédit en faveur des musées commerciaux.
Quoi qu'il en soit, nous estimons que l'intervention financière de l'État
ne saurait être obligatoire et qu'elle ne devra jamais avoir d'autre caractère que celui d'une subvention annuelle et révocable. Cette subvention
sera subordonnée à la participation préalable des chambres de commerce,
des municipalités, ou des institutions locales des régions où seront créés les
musées. »

Cette dernière conclusion explique pourquoi, malgré l'avis favorable de
la commission, les grands centres industriels et commerciaux attendent
encore pour la plupart leurs musées commerciaux. On ne peut en effet
créer dans une grande ville un établissement de ce genre, en exécutant le
programme de la commission, sans avoir à sa disposition, soit pour la construction et l'aménagement des locaux, soit pour l'entretien des collections
et le personnel préposé à cet entretien, des ressources importantes.

Examinons en effet le programme dont il s'agit, programme d'ailleurs
largement conçu et qui, s'il pouvait être exécuté dans son entier, rendrait
à notre commerce et à notre industrie d'inappréciables services.

Sous le titre : *Dispositions intérieures et classement,* nous trouvons
les prescriptions suivantes :

« 1. Les produits exposés dans les musées commerciaux seront divisés en
» quatre grandes catégories comme suit :

» 1° Produits d'importation qui comprendront les matières premières
» venant de l'étranger susceptibles d'être achetées, avec avantage, par notre
» commerce et pouvant même, dans certains cas, abaisser par leur
» emploi le prix de revient d'un produit fabriqué, ou provoquer une indus-
» trie nouvelle;

» 2° Produits d'exportation qui comprendront les produits fabriqués par
» l'étranger et importés sur des marchés où les nôtres pourraient les con-
» currencer ;

» 3° Emballages et apprêts qui concernent la façon à donner aux mar-
» chandises destinées à tel ou tel point du globe ;

» 4° Produits locaux qui composent les produits du sol et de l'industrie
» de la région.

» Les échantillons devront être exposés autant que possible par ordre de
» produits et par ordre géographique.

» L'ordre géographique sera relatif aux pays d'origine pour les produits
» d'importation, et aux marchés de vente pour les produits d'exportation,
» les emballages et apprêts et les produits locaux.

» II. Une place pourra être réservée pour l'affichage des annonces rela-
» tives aux adjudications de grands travaux publics à l'étranger. »

Et sous le titre *Bibliothèque, Archives spéciales,* nous lisons ces
recommandations :

« A côté des collections d'échantillons qui formeront la « Bibliothèque
» de choses » devra exister la « Bibliothèque de livres » et de publica-
» tions.

» Il serait bon que le musée commercial réunit, dans une partie de ses
» locaux, les ouvrages techniques intéressant le commerce et l'industrie.
» *Le Moniteur officiel du commerce* sera fourni par le ministère pour le
» service du musée. Les administrations des musées trouveront dans cette
» publication des rapports des consuls français et étrangers qui donnent
» des détails peu connus sur l'industrie étrangère et grâce auxquels elles
» pourront faire utilement des commandes d'échantillons.

» En outre, les négociants trouveront dans ces bibliothèques : 1° les rele-
» vés des droits de douane à payer dans les pays étrangers avec lesquels
» trafiquent les commerçants de la région du musée ; 2° des tableaux rela-
» tifs aux droits perçus dans les principaux ports étrangers où ces mêmes
» négociants sont appelés à faire des expéditions ; 3° les tarifs de transport
» des chemins de fer français et étrangers et enfin tout autre genre de docu-
» ments de nature à intéresser le commerce et l'industrie.

» Le service des renseignements commerciaux fonctionnant au minis-
» tère du commerce, qui sera le correspondant naturel des musées, se char-
» gera de fournir ces documents aux chambres de commerce qui n'en
» seraient pas pourvues. »

Il n'est pas douteux que pour réaliser ce programme, pour réunir et
classer dans un seul établissement non seulement les nombreuses matières
qui font l'objet du commerce de toute une région, mais encore les publica-
tions et ouvrages qui traitent de ces matières, il faut de très vastes emplacements, et si l'on remarque que la commission recommande d'installer le
musée commercial *dans un local situé autant que possible au centre
des affaires, par exemple près des bourses de commerce ou dans les
bâtiments où siègent les chambres de commerce, ou encore dans le voisinage des écoles professionnelles de commerce et d'industrie,* il est
facile de comprendre que la seule acquisition de ces emplacements exi-
gera des capitaux importants.

Poursuivons d'ailleurs l'examen du projet de la commission pour en
rappeler les dispositions principales.

« *Approvisionnement des musées.* — Il sera pourvu de la manière
» suivante à l'approvisionnement des musées :

» 1° Les échantillons reçus gratuitement par le ministère du commerce
» seront distribués par lui, dans les mêmes conditions, aux musées com-

» merciaux, suivant les intérêts des régions dans lesquelles les musées
» seront établis;

» 2° Les échantillons dont les musées commerciaux feront la demande
» au ministère du commerce leur seront procurés, à leurs frais, par l'in-
» termédiaire des agents consulaires de France à l'étranger. Le ministère
» du commerce communiquera aux administrations des musées les ren-
» seignements qu'il aura reçus lui-même sur la nature et le choix des
» échantillons qu'il y aurait intérêt à se procurer;

» 3° Les musées pourront en outre exposer des échantillons qui leur
» viendraient d'une source autre que celles ci-dessus désignées, par
» exemple de commissionnaires étrangers, de négociants ou d'industriels.

» *Étiquettes des échantillons, répertoire, publicité.* — Chaque échan-
» tillon devra être pourvu d'une étiquette sur laquelle seront inscrites la
» nature et l'origine du produit exposé.

» Les étiquettes devront porter un numéro d'ordre particulier, afférent
» à la date d'entrée des objets, dans la catégorie par nature de produits à
» laquelle ils appartiennent et en outre un numéro d'ordre général ren-
» voyant à un répertoire à fiches mobiles qui devra être installé dans le
» local à la disposition des visiteurs.

» Les fiches de ce répertoire devront faire connaître, d'une façon aussi
» complète que possible, outre la nature ou l'origine du produit consigné
» sur l'étiquette, son marché de vente, son mode de fabrication, les
» matières qui le composent, ses dimensions, son prix de vente, son prix
» de revient et les conditions de transport le concernant.

» Éventuellement elles devront donner le numéro de telle autre fiche
» relative à la catégorie des emballages et apprêts qui édifiera le visiteur
» sur la façon qu'il importe de donner à certains produits d'exportation.
» De plus, il sera intéressant de donner, dans certains cas, une indication
» qui permette de retrouver les lettres du ministère du commerce, des
» consuls ou des correspondants qui auront adressé les échantillons au
» musée, ou encore tel numéro du *Moniteur officiel du commerce* ou de
» tout autre organe commercial contenant des renseignements sur les pro-
» duits exposés.

» Le répertoire par fiches devra être tenu constamment au courant.

» Des annonces publiées par le *Moniteur officiel du commerce,* par la
» presse de la région, par des affiches apposées dans les bourses ou autres
» lieux publics, à la porte du local affecté au musée, feront connaître les
» nouveaux échantillons exposés. Ces annonces devront indiquer en même
» temps à quelle classe appartiennent ces objets.

» *Visite des Musées. — Communications au public. — Prélèvement
» d'échantillons.* — 1° La visite du musée sera absolument gratuite.

» 2° Des renseignements seront, autant que possible, fournis par l'em-
» ployé chargé de la conservation et du classement des objets.

» Les administrations des musées, pas plus que les administrations ou
» les personnes qui auraient procuré des échantillons, ne seront responsa-
» bles des renseignements fournis par l'intermédiaire des musées com-
» merciaux.

» 3° Quand les échantillons adressés aux musées seront d'une dimension
» suffisante, il pourra en être donné des morceaux aux personnes qui en
» feront la demande. Ce prélèvement d'échantillons sera l'objet d'une taxe
» dont l'administration du musée aura à fixer la quotité.

» Les échantillons remis au public seront, autant que possible, accom-
» pagnés d'une note fournissant des renseignements sur la provenance du
» produit, son marché de vente, le mode de fabrication, les matières qui

» le composent, les dimensions, les prix de vente, le prix de revient et les
» conditions de transport.

» Les échantillons d'objets démodés devront être conservés pour former
» une sorte de musée rétrospectif. A cet effet, les administrations des
» musées devront toujours garder un spécimen ou un talon des échantil-
» lons distribués au public. »

Ces détails font ressortir avec quel soin la Commission a étudié cette
importante question des musées commerciaux. Elle s'est attachée à rédiger un projet d'organisation aussi complet que possible dans lequel les
chambres de commerce qui voudront prendre l'initiative de la création
d'un musée commercial trouveront toutes les indications utiles. Malheureusement, bien que M. le Ministre du commerce, dans l'envoi de ce
projet aux chambres de commerce, leur ait promis son concours le plus
large pour les aider à se procurer les échantillons de nature à intéresser
le commerce et l'industrie de leur région, bien qu'il leur ait fait espérer
des subventions annuelles et renouvelables, les chambres de commerce,
malgré tout leur désir d'instruire par ce précieux moyen leurs négociants,
leurs industriels et leurs ouvriers, hésitent devant la dépense excessive
qu'elles auraient à faire pour une création de ce genre. Il y a eu cependant
des tentatives faites et elles ont abouti, puisque M. le Ministre du commerce a déjà approuvé plusieurs budgets relatifs à des musées commerciaux et qu'il inaugurait lui-même, l'année dernière, le musée de Saint-
Quentin.

Avant de terminer, Messieurs, je tiens à vous dire où en est cette question dans notre région. Répondant à M. le Ministre qui lui avait envoyé le
rapport et le projet de la Commission, la Chambre de commerce de Bordeaux lui a demandé de reconnaître le caractère de musée commercial au
musée que possède notre École supérieure de commerce et d'industrie, et
à l'appui de cette demande, elle a été amenée à lui exposer les dispositions
nouvelles qu'il est indispensable de faire subir au musée de cette école
pour le mettre en situation de répondre aux vues de M. le Ministre en
qualité de musée commercial. Ces dispositions qui ont été longuement
étudiées par le Comité de la Société Philomathique, sous la direction
duquel l'École est placée, doivent entraîner inévitablement une augmentation considérable des locaux, une augmentation correspondante de matériel et une augmentation correspondante de personnel. L'administration
de l'École est assurée de trouver, avec le concours de M. le Ministre du
commerce, du Conseil général, de la Municipalité et de la Chambre de
commerce, les ressources indispensables pour la construction de nouveaux locaux, l'achat du matériel supplémentaire, et les frais annuels du
personnel, mais elle ne peut résoudre aussi facilement la question de
l'emplacement nécessaire pour les agrandissements projetés. L'extension
des bâtiments de l'École ne peut en effet être obtenue qu'en prélevant
l'espace dont on a besoin sur les terrains de l'ancienne Monnaie qui appartiennent à l'État, et qui sont depuis plusieurs années sans emploi. Une
bande de terrain de 20 à 25 mètres de largeur et s'étendant sur toute la
longueur du bâtiment serait suffisante, et des démarches sont faites en ce
moment auprès des ministres des finances et du commerce pour qu'elle
soit cédée, dans des conditions acceptables, à la ville de Bordeaux qui est
déjà propriétaire des bâtiments affectés à l'École supérieure de commerce
et d'industrie. J'ajouterai qu'il y a quelques jours, dans sa séance du
18 août dernier, le Conseil général du département de la Gironde, sur la
proposition de M. Alexandre Léon, vient d'émettre à l'unanimité le vœu
« que le gouvernement, faisant droit aux demandes de la Chambre de

» *commerce et de la ville de Bordeaux, concède le terrain nécessaire*
» *au développement de l'École de commerce et d'industrie et à l'ins-*
» *tallation du musée commercial.* » Il y a donc lieu d'espérer que cette
question sera promptement tranchée et que la ville de Bordeaux pourra
avoir bientôt un musée commercial et industriel digne de cette grande
cité.

Le Groupe géographique du Sud-Ouest a mis dès l'origine dans son
programme, que j'avais l'honneur de vous rappeler à la première séance
de ce congrès, qu'il se proposait de concourir, dans la mesure de ses forces,
à la fondation à Bordeaux d'un musée géographique, ethnographique et
commercial. Déjà, chaque fois que des échantillons intéressants lui ont
été envoyés ou remis par des voyageurs, ne pouvant avoir l'intention de
créer, parallèlement à celui de la Chambre de commerce et de la Société
philomathique, un musée commercial, la Société de Géographie commerciale de Bordeaux s'est empressée de déposer ces échantillons dans le
musée de l'École supérieure de commerce et d'industrie ; mais le moment
paraît venu pour notre Groupe d'apporter un nouveau concours à cette
œuvre, à laquelle nos Sociétés régionales de géographie ne sauraient
rester indifférentes. Réunies en congrès, elles peuvent aujourd'hui appuyer
auprès de MM. les Ministres du commerce et des finances le vœu du Conseil général du département de la Gironde, et c'est ce que j'ai l'honneur
de leur demander dans l'intérêt des négociants et des industriels de toute
la région.

A la suite de cette communication, le vœu suivant a été adopté :

Les Sociétés de Géographie composant le Groupe géogra-
phique du Sud-Ouest, réunies en Congrès régional à Berge-
rac, les 5, 6, 7 et 8 septembre 1885, appuient auprès de
MM. les Ministres du commerce et des finances le vœu
formulé par le Conseil général de la Gironde, le 18 août
dernier, en faveur du musée commercial de la ville de
Bordeaux, et joignent leurs vœux à celui du Conseil général
pour que le terrain nécessaire à l'extension du musée de
l'Ecole supérieure de commerce et d'industrie soit aussitôt
que possible concédé par l'Etat à la ville de Bordeaux.

La séance est levée à onze heures et quart.

MARDI 8 SEPTEMBRE 1885

SÉANCE PUBLIQUE DE L'APRÈS-MIDI

Au Théâtre.

Présidence de M. Prosper FOURNIER.

Canal maritime de l'Océan à la Méditerranée. Discours de MM. *Manier Ferdinand Cahen Geor-*
ges Dumont. Discussion. — Concours scolaire ; rapport (M. *Gebelin*) ; proclamation des récompenses
(M. *Pauliet*). — Désignation de Périgueux comme siège du prochain Congrès régional. — Clôture du
Congrès.

M. le PRÉSIDENT ouvre la séance par quelques mots sur la question à l'ordre du jour : Canal maritime de l'Océan à la Méditerranée.
Cette question avait préoccupé Colbert et Riquet, et son impor-

tance actuelle, surtout au point de vue militaire, n'échappera à personne. M. le Président ajoute que le Congrès n'a pas à se prononcer sur les projets qui lui seront présentés et qu'il ne prend sous sa responsabilité aucune des opinions qui seront émises par les orateurs.

Il donne ensuite la parole à M. Manier, membre correspondant de la Société de Géographie commerciale de Bordeaux, professeur à l'Université d'Oxford (¹).

M. MANIER. Je demande la permission au Congrès de poser d'abord deux axiomes. Toutes les personnes qui font courir des chevaux savent que ce qui tue le cheval, c'est bien moins la distance que la rapidité ; dans le commerce, ce qui fait prospérer les manufactures, c'est moins la proximité des consommateurs que le bon marché des transports. Nous avons, à l'heure qu'il est, un exemple très frappant de ce second fait en Angleterre. Toute l'industrie anglaise s'est groupée (j'espère qu'un jour la Société de Géographie commerciale de Bordeaux entreprendra de dresser une carte teintée de l'industrie des divers pays), toute l'industrie anglaise, dis-je, s'est groupée autour des mines de charbon. Dans les autres parties de l'Angleterre, où il n'y a pas de charbon, il n'y a pas d'industrie. L'industrie a été longtemps très prospère en Angleterre ; mais aujourd'hui les Français, les Allemands et les Belges lui font une forte concurrence, pendant que les Compagnies de chemins de fer, qui ont acheté les canaux, font ce qu'elles veulent et maintiennent des tarifs très élevés. Qu'en résulte-t-il ? La souffrance d'un très grand nombre de manufactures anglaises, qui, pour échapper à une ruine certaine, se sont transportées près de la mer, non par amour de l'eau salée, mais pour se mettre près des ports et pour échapper, par ce moyen, aux tarifs élevés des chemins de fer ; on peut prévoir que, bientôt, les comtés du centre, où étaient autrefois groupées les manufactures, deviendront entièrement déserts. Le jour, ce n'est pas un beau paysage, parce que la fumée obscurcit le ciel, c'est le pays noir ; mais la nuit, lorsque tous les hauts fourneaux sont allumés, c'est un spectacle très imposant ; on pourrait l'appeler alors le pays rouge. Eh bien, si les choses ne se modifient pas, l'industrie disparaîtra de cette région.

Nous avons un autre exemple frappant, où les choses cependant ne sont pas aussi avancées que dans le voisinage de Birmingham. Il existe, de l'autre côté de la Manche, une ville aussi célèbre que Gênes, Venise, Gand et Anvers l'ont été au moyen âge. Cette ville qui, en 1815, avait un revenu imposable de 9 millions de francs, en a un aujourd'hui de 57 milllions. Son chiffre d'affaires, qui était en 1872 de 5 milliards, était en 1881 de 8 milliards. Cette ville, c'est Manchester. Or, Manchester n'est pas seulement un centre industriel remarquable, mais encore un centre intellectuel puissant ; elle renferme des établissements d'instruction de premier ordre richement dotés ; elle a donné son nom à une école d'économie politique ; c'est de Manchester que procèdent Gibson, Cobden, Viliers, Bright et les plus fameux libre-échangistes. Si cette ville disparaissait, ce serait un véritable désastre, et elle paraissait récemment à la veille de disparaître. Depuis cinq ou six ans, c'est la seule de l'Angleterre où la population n'augmente plus. C'est là une véritable calamité commerciale ! quelle en est la cause ? C'est la cherté des moyens de transport.

Les Compagnies de chemins de fer s'étant emparées du canal de Bridge water ont élevé leurs tarifs, et il en est résulté des choses incroyables que vous saisirez d'un mot, Mesdames, car la femme, habituée aux comptes journaliers du ménage, a l'œil plus pénétrant que le nôtre; aussi ne multiplierai-je pas les exemples. « Le fret de Manchester à Calcutta, déclarent MM. G. et R. Dewhurst, agents de transport, qui envoient, en moyenne, 13,000 tonnes de marchandises dans l'Inde, en Chine, etc., est de 27 fr. 50 à Manchester; cette somme se décompose ainsi : chemin de fer de Manchester à Liverpool (36 kil.), 13 fr. 50; droits de docks à Liverpool, 1 fr. 25; courtage maritime, 2 fr. 50; de Liverpool à Calcutta, 10 fr. 25. » On a demandé aux Compagnies de chemins de fer de modifier leurs tarifs, elles ont prétexté que la cause de l'élévation des prix était la ville de Liverpool qui faisait payer ses services de voirie et ses embellissements par le transit; et lorsqu'on a dit à celle-ci : « N'imitez pas les grands seigneurs du moyen âge ! » elle s'est empressée de répondre : C'est la faute des chemins de fer.

Les habitants de Manchester se sont dit alors : aidons-nous nous-mêmes, et ils ont fait un projet de canal pour relier Manchester à Liverpool. Liverpool et les chemins de fer ont trouvé cela fort mal, la lutte a coûté 7 millions de francs, et enfin Manchester a été autorisée à faire son canal, pourvu que l'on trouvât les fonds nécessaires et que l'on *n'envasât pas l'estuaire de la Mersey*. Les 200 millions d'actions ont été souscrits en un clin d'œil ; les 50 millions d'obligations le seront de même, s'il y a lieu.

Rentrons chez nous; nous avons, en France, une ville plus importante que Manchester, une ville dont l'accès est défendu aux navires de long cours, dont l'industrie est loin d'être prospère : c'est Paris. Et pour compléter le parallèle avec Manchester, j'ajouterai que l'envoi d'une tonne de marchandises coûte autant de Paris au Havre que du Havre à Buenos Aires. On s'est adressé également au chemin de fer, à la Compagnie de l'Ouest, qui a répondu absolument comme celles de Manchester et l'on n'a obtenu aucune satisfaction.

Je me suis occupé de cette question, je l'ai étudiée en même temps que celle du canal des deux mers, et visitant un jour l'écluse de Bougival avec M. Cheysson, ingénieur en chef des ponts et chaussées, directeur des cartes et plans au ministère des travaux publics et accompagnant alors plusieurs ingénieurs étrangers, je leur disais : « Il faut remonter à Paris comme on remonte à Londres, à Hambourg, à Anvers, à Brême, à Montréal. Est-ce qu'il y a des écluses en aval de ces ports-là ? — Oh! Monsieur, mais l'altitude ! — Quelle est-elle ? » Pour donner une idée de l'obstacle, je dirai que, si on bâtissait sur le bord de la mer ce théâtre dans lequel nous sommes ici réunis, et que l'on tirât par son sommet une ligne horizontale dans la direction de Paris, elle toucherait le niveau de la Seine à Poissy, Est-ce donc bien la peine de construire des écluses pour si peu ?

J'ai écrit sur ce sujet une brochure, je l'ai envoyée à tous les membres du Conseil municipal de Paris et n'en ai jamais entendu parler. J'en ai déposé des exemplaires chez feu M. Dunod, éditeur, un très brave homme; s'il en avait vendu, il m'aurait payé; or, je n'ai rien reçu; mon étude était donc mort-née. Heureusement, un ingénieur distingué, aujourd'hui membre de l'Institut, M. Bouquet de La Grye, auquel je faisais part de mon travail, me dit : « Il y a dans votre projet la seule idée pratique, mais vous l'avez accompagnée de trop nombreux détails, de suppositions qui ne sont pas correctes et, bref, il n'y a que l'idée qui soit bonne; laissez-la nous; nous allons la travailler et j'espère la faire réussir. Ce sera une bonne et belle chose à faire, mais il faut choisir le temps propice et les mesures convenables. » Or, les études sont faites et le moment est enfin venu. Au Congrès de Rouen, l'Association française pour l'avancement des sciences a discuté la question et aujourd'hui la chose est virtuellement faite : Paris sera prochainement accessible aux grands navires de commerce. Ce sera quelque chose de fait pour notre capitale.

Rapprochons-nous de chez vous. Il n'y a pas que Manchester et Paris qui souffrent. En 1875, à la suite de l'inondation, en allant visiter le sud de l'Italie, je me suis arrêté dans le Languedoc et j'ai fait le trajet de Bordeaux à la Méditerranée, tantôt sur l'eau, tantôt en chemin de fer, tantôt à pied, car, dans les Cévennes, ce serait être barbare que de ne pas marcher un peu ; je me suis procuré des cartes en relief et j'ai mis au monde, plus tard, une petite brochure que j'ai eu la malheureuse idée de traduire en anglais. Elle fut très justement critiquée ; là aussi je n'avais pas tenu suffisamment compte des difficultés matérielles ; il fallait chercher des moyens nouveaux. Ce fut alors que, à l'exposition de South Kensington, j'eus l'occasion de voir une écluse mobile ou ascenseur naval ; j'appris qu'une écluse de ce genre fonctionnait sur un canal, près de Liverpool ; j'allai la voir et, plein d'enthousiasme, je me rendis à Bordeaux où j'expliquai de mon mieux la machine que tout le monde approuva beaucoup. Je demandai à feu M. Tresca son opinion sur l'appareil de M. E. Clarke et il me répondit que, s'il avait besoin d'un renseignement de cette nature, c'est à M. Clarke lui-même qu'il s'adresserait. Je modifiai alors complètement mon projet, j'adoptai douze écluses mobiles et je me rendis dans le midi de la France, à Bordeaux, où la Société philomathique mit à ma disposition l'amphithéâtre de l'École que dirige votre secrétaire général M. Manès, puis à Agen, à Marmande, à Toulouse, à Carcassonne, à Narbonne, à Montpellier et même à Cette, où je fis des conférences qui furent accueillies avec le plus grand enthousiasme, excepté à Cette. La question paraissait mûre. Un administrateur d'une banque de Paris la prit sans façon et la fit étudier par des ingénieurs — il eût été très impertinent de ma part de me mettre en travers de M. Duclerc. — J'allai le voir, lui dis ce que j'avais fait, et que j'étais bien aise de lui voir continuer l'œuvre. Il me renvoya à son ingénieur M. de Lépinay, qui me montra ses plans ; je pris la liberté de n'être pas d'accord avec lui, j'écrivis à M. Duclerc une lettre très détaillée pour lui expliquer mes raisons, et je publiai ma critique dans le *Bulletin* de la Société de Géographie commerciale de Bordeaux, qui est le Moniteur de cette question. Finalement, le projet fut condamné unanimement et sur tous les points par une Commission spéciale de la plus haute compétence, après deux examens approfondis.

Les choses en étaient là, lorsque j'appris, il y a peu de temps, qu'une seconde Société d'études avait repris la question ; les deux représentants de cette Société, MM. Cahen et Dumont, sont ici ; je leur souhaite la bienvenue. Si leur projet, qu'ils vont exposer, réunit les conditions désirables, ils n'auront pas de plus fervent partisan que moi ; mais s'il en est autrement, ils n'auront pas d'adversaire plus déclaré.

Je rappellerai maintenant en peu de mots, car il est bien connu, les grandes lignes de mon propre projet. D'abord, il empêchera le retour des inondations et ce n'est pas là seulement une question d'humanité ; c'est une question de prudence commerciale. L'inondation de 1875 a coûté 200 millions, — qui sait si elle ne se reproduira pas l'année prochaine ? — Cinq inondations pareilles coûteront un milliard, et avec cette somme on ferait le canal. Paierons-nous cinq inondations sans nous affranchir du fléau ? Il n'y a qu'à poser la question pour la résoudre.

En second lieu, le canal donnera le moyen d'arroser toute la vallée et de submerger les parties les plus basses.

En troisième lieu, je prétends qu'on peut facilement, avec le canal, faire don à la France d'une force hydraulique sans égale au monde. Quand l'eau descend insensiblement, sa force reste latente; quand elle tombe verticalement en grande masse et d'une certaine hauteur, sa force se dégage et devient pratiquement utilisable.

En quatrième lieu, si je croyais que la construction du grand canal du Midi dût léser une grande cité, je jetterais au feu toutes les feuilles de mon projet, car je ne veux pas qu'il ruine soit Bordeaux, soit Toulouse, soit Narbonne, soit aucune autre localité, mais qu'il profite au Midi tout entier.

En cinquième lieu, je voudrais qu'on réunit l'Aude à la Garonne et que, par ce moyen, on créât une voie profonde pour se dérober aux canons ennemis. De plus nous aurions, comme nation, l'avantage de faire passer par chez nous tout le commerce d'outre-Suez que l'on peut prévoir de 12 à 15 millions de tonnes par an. Ce serait le passage de tout le commerce entre l'Europe et l'Inde, commerce qui a fait la fortune de Venise et de Gênes et l'ancienne richesse de Nuremberg, de Cologne, d'Anvers et de Bruges. Ce ne fut pas seulement l'industrie de ces villes qui fit autrefois leur prospérité. C'est au passage de toute la richesse des deux mondes qu'elles ont dû leur industrie et leur richesse.

Je regrette que M. Laplène ne soit pas ici; il a dit hier qu'en développant les voies de transport dans le Sénégal on a réduit de moitié les prix de transport et qu'on a sextuplé la production de l'arachide; voilà le résultat des transports économiques, sans compter qu'ils provoquent la création de cités, etc., etc.

Si le grand canal de l'Océan à la Méditerranée était réalisé, voici ce que nous aurions : Tous les rocs seraient arrêtés dans la montagne; ils n'auraient pas le temps de devenir successivement galets, sable et argile; nous aurions des rivières plus profondes et mieux régularisées, les inondations seraient amoindries. Tous les jours nous verrions passer dans le Midi de la France les navires de l'Inde et de l'Australie, ceux du Nord aussi, et, avant vingt ans, Bordeaux serait le marché de coton de toute l'Europe. Aujourd'hui, au lieu d'arriver directement en France pour être envoyés sur les points où on les façonne, les cotons sont d'abord expédiés à Liverpool et à Anvers; avec le canal, on les arrêterait au passage. Nos montagnes reboisées et nos cours d'eau régularisés et utilisés nous affranchiraient du lourd tribut que nous payons aux Suédois et aux Allemands pour leurs portes et leurs fenêtres toutes faites; enfin, nous aurions notre Gibraltar à nous, et nous serions indépendants des Anglais en temps de guerre.

Je n'entre pas dans plus de détails, désireux de laisser la parole à MM. Cahen et Dumont; mais après eux, si le Congrès veut bien m'écouter encore quelques minutes, je demanderai à présenter quelques observations.

M. Ferdinand CAHEN, accrédité auprès du Congrès par la Société d'études de travaux français, fait valoir les avantages généraux du projet de canal de l'Océan à la Méditerranée présenté par cette Société.

La Société d'études de travaux français, dit-il, a appris, il y a quelques jours seulement, qu'il y avait un Congrès régional de géographie à Bergerac et que ce Congrès avait compris dans son programme la question du canal des deux mers. Ayant fait à ce sujet une sérieuse étude et dressé un avant-projet de canal qui résoud toutes les objections soulevées, cette Société a tenu à venir vous exposer les résultats de ses travaux et elle m'a chargé de cette mission en m'adjoignant, pour les développements de la partie technique, M. l'ingénieur Dumont.

La Société d'études de travaux français n'est pas une Société financière; elle a été formée d'hommes d'initiative qui se sont groupés pour étudier ensemble toutes les affaires françaises qui peuvent être menées à bien. Et c'est après une étude approfondie de la question qu'elle a établi son projet et en a demandé la concession.

La question n'est pas nouvelle, car le détroit de Gibraltar est aussi terrible en temps de paix, d'une manière permanente, par ses courants et par ses vents contraires, qu'il le devient en temps de guerre par sa forteresse. On a vu des flottes entières de voiliers attendre pendant cinq ou six mois, en baie d'Algésiras, qu'une saute de vent voulût bien leur permettre de franchir le détroit, et pour mieux accuser la situation, on a souvent cité deux navires, partis le même jour de Marseille pour les Antilles, dont le premier, meilleur marcheur, ayant profité d'un hasard favorable au moment du passage, effectua le voyage et trouva, à son retour, son confrère attendant encore l'occasion de passer. Aussi la possibilité de s'affranchir de cette traversée a-t-elle depuis longtemps préoccupé l'opinion publique et sollicité l'attention des ingénieurs. D'un autre côté, la nécessité de s'affranchir, en temps de guerre, de Gibraltar, milite en faveur du canal, et en France, quand on parle de patriotisme, tout le monde est d'accord.

J'essaierai d'abord d'établir quels sont les avantages que le pays doit retirer de la construction du canal des deux mers. Ces avantages sont nombreux.

1° *Augmentation considérable de notre matériel naval.* — Il es admis aujourd'hui par tous les marins que les deux qualités principales des navires de combat sont la vitesse et l'agilité d'évolution. L'amiral Jurien de La Gravière déclare, dans son livre des *Grands Combats de mer,* qu'il faudrait à la France une flottille conçue de façon à pouvoir traverser rapidement, en profitant de nos fleuves et de nos canaux, le vaste territoire qui, par une faveur inappréciable de la Providence, a des débouchés sur trois mers. Il termine par ces conclusions remarquables : « Il faut de tout notre » pouvoir poursuivre parallèlement deux fins particulières convergeant » au même but : 1° accroître le moyen d'action et l'efficacité militaire de la » flottille ; 2° diminuer autant que possible le tirant d'eau de la flotte. Toute » invention, ajoute-t-il, qui nous conduit à ce résultat, toute nouveauté qui » menace les colosses et tend à émanciper les moucherons est un progrès » dont la marine française ne saurait trop s'emparer, car *il n'en faut pas* » *plus* pour doubler en quelques années ses forces et sa puissance. »

Le canal des deux mers, comme l'a si bien dit M. Manier auquel je suis heureux de rendre hommage, apporte précisément cette nouveauté par la facilité avec laquelle il permet à la flotte de passer presque instantanément et sans rompre charge d'une mer à l'autre. A l'exception de quinze cuirassés de premier rang, tous les navires de notre flotte militaire pourront le traverser librement.

2° *Annihilation de Gibraltar.* — Le canal des deux mers aura pour conséquence l'annihilation de la forteresse de Gibraltar et la suppression des menaces qu'elle tient suspendues sur tous les navires traversant le détroit. D'où l'anéantissement de la prédominance anglaise dans la Méditerranée. En construisant la forteresse de Gibraltar qui leur a coûté plus de 500 millions, les Anglais n'ont songé qu'à détruire notre ancienne suprématie dans le Levant. Avec le canal, nous neutralisons Gibraltar en le tournant et nous retrouvons notre suprématie méditerranéenne. La moindre hésitation ne serait point patriotique. Je ne veux point faire de politique, mais tout le monde connaît les visées des Allemands sur le Maroc.

Les mouvements géologiques qui se produisent en ce moment dans le sud de l'Espagne pourraient, il est vrai, se charger d'annihiler Gibraltar par les seules forces de la nature en relevant le fond du détroit et en faisant de la Méditerranée une seconde mer Caspienne, mais alors le canal des deux mers serait encore plus indispensable qu'auparavant. Le canal deviendrait le Gibraltar français.

3° *Addition de 900 kilomètres de côtes maritimes.* — L'insuffisance de nos côtes maritimes constitue pour la France, vis-à-vis de l'Angleterre et de l'Italie, une infériorité constante pour le recrutement de plus en plus difficile de nos marins. Nous en possédons cependant 2,876 kilomètres, dont 72 sur la mer du Nord, 1,079 sur la Manche, 1,025 sur l'Atlantique et 700 sur la Méditerranée. Mais il y a entre les rivages méditerranéens et les autres une fâcheuse solution de continuité. La jonction des deux mers ajouterait 900 kilomètres nouveaux à nos côtes maritimes. De plus la vue des hommes et des choses de la mer contribuerait à développer chez tous les riverains le goût des voyages et des entreprises lointaines. En peu d'années, les départements limitrophes fourniraient à la marine militaire et marchande un contingent de marins qui grossirait les rangs de notre population maritime.

4° *Création de ports intérieurs.* — De nos cinq ports militaires actuels, Rochefort est le seul qui soit à l'abri d'une surprise de l'ennemi. On peut bombarder Cherbourg, Lorient et Toulon, on peut forcer le goulet de Brest, mais il n'y aurait pas moyen d'atteindre les arsenaux intérieurs que le canal maritime permettrait de créer. Avec des ports intérieurs on aurait aussi la facilité de mettre notre marine marchande à l'abri de la destruction lors du bombardement d'un port côtier, de construire pendant la guerre des torpilleurs, croiseurs ou autres navires et de les lancer, suivant les besoins, sur l'une et l'autre mer, d'assurer enfin le ravitaillement des escadres en tous sens.

Enfin il y a un point qui est cher à M. Manier, c'est qu'avec le projet de la Société d'études on pourra transporter de l'eau d'un côté jusqu'à Béziers et Perpignan et de l'autre jusqu'au fond du Médoc, ce qui n'est pas à oublier quand on parle à des gens qui savent ce que c'est que le phylloxera, et on pourra irriguer, ce qui triplera la valeur des terrains, car le canal permet d'envoyer de l'eau partout.

On a prévu des écluses, car on ne monte pas, d'une seule traversée, à 200 mètres au-dessus du niveau de la mer. On a donc été obligé de comprendre un système d'écluses. Le projet de M. le sénateur Duclerc et de M. de Lépinay en comportait soixante-deux et soulevait beaucoup d'objections. Celui que nous présentons n'en compte que seize et, pour couper court à toute question, nous dirons de suite que, dans notre projet soumis au ministère, il est établi que le trajet de mer à mer se fera en cinquante-huit heures.

Au point de vue de la production de la force motrice, toute la force vive de l'eau de consommation des écluses pourra être emmagasinée, ainsi que la plus grande partie, les 2/3 au moins, de la force motrice des eaux destinées aux usages agricoles, en sorte qu'après avoir assuré les besoins de l'exploitation, il restera pour l'industrie une disponibilité de plus de 50,000 chevaux-vapeur.

Enfin la construction du projet donne toute facilité pour ouvrir des débouchés aux houillères du Midi, aux minerais, aux bois et aux marbres des Pyrénées, toutes matières qui, ne trouvant pas aujourd'hui d'écoulement faute de transports économiques, sont à peu près perdues pour la richesse publique.

Le mouvement général de la navigation en France, y compris le grand et le petit cabotage, s'est élevé en 1883 à 29,668,487 tonnes dont 30 0/0 seulement sous pavillon français, en sorte que nous payons annuellement à l'étranger, et surtout aux Anglais, plus de 400 millions de francs pour le transport de nos marchandises. Grâce au canal, nous pourrons retenir chez nous une part notable de ces 400 millions.

Le canal ne présente aucun obstacle insurmontable. On s'en rendra compte par les explications techniques qui seront données tout à l'heure par M. l'ingénieur Dumont. Lors de l'examen de la Commission des inspecteurs généraux, le rapport le plus défavorable au projet a été fait par M. Dingler, qui reconnaissait que le canal était faisable, mais qui soutenait que l'on ne pourrait pas l'exécuter avec les sommes prévues au projet et qu'il faudrait plus d'un milliard et demi.

La Société d'études ne s'est pas laissé arrêter par cette objection ; elle a soumis son projet à deux entrepreneurs bien connus, MM. Bord et Hersent, qui ont signé une soumission par laquelle ils s'engagent à forfait, moyennant la somme de 489,850,000 francs, à exécuter tous les travaux tels qu'ils sont exprimés dans l'avant-projet, y compris les épuisements et autres travaux imprévus qui sont exécutés ordinairement au moyen de la somme à valoir, comprise pour 61,843,000 francs dans les 489 millions précités. L'acquisition des terrains resterait seule ainsi à la charge de la Compagnie.

Or, pour l'estimation des terrains à acquérir, M. Duclerc avait cherché ses évaluations avec la plus rigoureuse exactitude chez tous les notaires et les avait majorées de 20 %. La Société d'études ne s'est pas contentée de cette majoration, elle en a fait une nouvelle de 20 % également et elle peut affirmer maintenant que le canal prêt à livrer, *clef en main,* pour ainsi dire, coûtera 545 millions. Il faudra ajouter à cette dépense les sommes nécessaires pour les débouquements de Narbonne et de Bordeaux, ou d'Arcachon, qui incombent naturellement à l'État et que nous avons évaluées à 60 millions dans le cas du tracé par Arcachon et à 160 millions dans le cas du tracé par Bordeaux, et les intérêts à 5 % pendant la période de construction qui s'élèveront à 72 millions 1/2.

M. Verstraet a démontré que, d'après les éléments de la statistique de 1880, on pouvait évaluer à 14 millions de tonnes le tonnage possible, c'est-à-dire celui de la navigation favorisée par un canal maritime de l'Océan à la Méditerranée, et à 6.600,000 tonnes le tonnage probable, c'est-à-dire celui qui eût formé la clientèle immédiate, ou du moins prochaine, si la construction du canal avait été achevée en 1880.

Le bénéfice annuel que réaliserait ce tonnage en passant par la voie nouvelle est de 90 millions de francs, en dehors de toute considération auxiliaire sur les assurances, les meilleures utilisations de bâtiments, etc., etc.

Mais les chiffres relevés en 1880 par M. Verstraet doivent être considérablement majorés. Ce ne sera plus à 14 millions et à 6,600,000 tonnes qu'il faudra évaluer le tonnage possible et le tonnage probable, mais à 18 et à 9 millions de tonnes. Nous avons établi que 4 millions de tonnes se présenteront la première année, 6 la deuxième, 7 la troisième, 8 la quatrième, et au delà nous nous contentons d'admettre une accrue de 3 % pour rester dans les limites d'une prudence exagérée, car l'accrue du tonnage général est annuellement de 8 %. Quant au prix du péage, il est évidemment très modéré à 3 fr. 50. Nous obtiendrons ainsi pour recette minima au bout de la première année 15,750,000 fr. ; au bout de la deuxième 24,500,000, etc., et au bout de la dixième année 45 millions ; tout cela non compris les recettes d'irrigation, de submersion, du domaine et des 6,000 hectares des lagunes de Narbonne que la Société veut colmater avec ses déblais et dont elle demande la concession. La recette totale serait de 60 millions dès la dixième année.

M. Cahen termine par quelques réflexions sur l'opposition rencontrée jusqu'à ce jour par le canal des deux mers. Il est embarrassé pour aborder ce sujet; cependant, comme on est tenté de dire, toutes les fois qu'une œuvre comme celle-là est abandonnée, qu'il y a un vice rédhibitoire qui a empêché de la faire, il est obligé de dire que derrière l'opposition faite à la Société d'études se cachent des questions d'argent et d'intérêts privés. Il ne veut attaquer personne, mais il ajoutera cependant que ce qui s'oppose le plus au canal des deux mers, c'est le canal de Panama, dont la Société craint, pour les capitaux dont elle a besoin, la concurrence de la nouvelle entreprise. En terminant, il donne connaissance des conclusions suivantes du mémoire présenté par la Société d'études à l'appui de son projet :.

En résumé, deux projets se présentent avec des avantages et des différences qui paraissent se compenser mutuellement.

Tous deux ont une partie commune orientale de près de 300 kil. et ne varient que par la dernière section occidentale, aboutissant l'une à Bordeaux et l'autre à Arcachon.

La discussion principale doit s'établir entre les deux têtes de ligne : Arcachon et Bordeaux; il n'appartient pas à la Société d'études de travaux français de la trancher définitivement; les intérêts en jeu sont, en effet, d'un ordre qui échappe à sa compétence. Elle se bornera à faire ressortir que les tracés sur Arcachon présentent une économie de parcours de 65 kil. sur le trajet total de mer à mer, mais qu'ils sont plus onéreux pour elle, puisqu'ils représentent une dépense de 630 millions au lieu de 545. En revanche, les tracés sur Bordeaux, s'ils sont moins coûteux au point de vue du canal proprement dit, exigent des débouquements s'élevant pour l'ensemble à 160 millions.

Et maintenant est-il besoin d'ajouter que la construction d'un canal maritime entre l'Océan et la Méditerranée est avant tout une entreprise de préservation nationale; que si la France est diminuée, notre devoir est de reconstituer l'équivalent des forces qu'elle a perdues?

Au point de vue militaire, une grande cause de faiblesse réside pour nous dans la nécessité de couper en deux notre armée navale dont l'action commune est rendue impossible par la distance et par Gibraltar.

Au point de vue des intérêts économiques, la France est menacée. D'ardents rivaux travaillent activement à lui enlever les avantages que lui assurait jusqu'ici sa position centrale au milieu du vieux monde.

Si nous n'y prenons garde, il y aura bientôt, dans le monde européen, deux grands courants commerciaux créés en dehors de nous : au midi, d'Asie en Amérique et au delà par Gibraltar; au nord, de la Méditerranée à l'Allemagne par Salonique et le Saint-Gothard.

Ne laissons pas la France s'étioler dans l'isolement, presque à l'intersection de ces deux courants, et forçons l'un d'eux à nous traverser, au grand bénéfice du commerce général et du développement de notre commerce en particulier.

Le moyen est simple, et nous avons démontré que la construction du canal maritime est pratique. Rien n'est perdu si nous ne nous endormons pas dans une coupable indifférence. Le canal maritime est l'instrument le plus sûr de notre relèvement industriel et commercial. Sans hésitation, il faut l'exécuter.

M. Georges DUMONT, ingénieur, accrédité auprès du Congrès par la Société d'études de travaux français, donne les développements techniques du projet de canal de l'Océan à la Méditerranée et des explications au point de vue des tracés. Un plan général, malheureusement de trop petite dimension pour être bien vu de toute l'assistance, est développé contre la cloison placée derrière le bureau. Des brochures contenant le *Mémoire à l'appui du projet* de la Société d'études et les *Réponses au Questionnaire posé par la Commission d'examen de l'avant-projet* ont en outre été distribuées aux membres du Congrès, à l'ouverture de la séance.

Le canal, dit M. Dumont, débouche, d'un côté, soit dans la baie d'Arcachon, soit à Bordeaux, selon que les enquêtes feront adopter l'un ou l'autre de ces deux points, et de l'autre à Narbonne. Il a une longueur totale de 432 kil. 340 et offre beaucoup moins de parties en remblai que le projet de MM. Duclerc et de Lépinay. Les parties courbes n'ont pas moins de 1,800 mètres de rayon, et il serait possible d'atteindre 2,000 mètres. Quant au profil en travers, il a une largeur de couronne de 61 mètres dans les parties à double voie et de 44 mètres dans celles à simple voie. La largeur au plafond est de 37 mètres dans les parties à double voie et de 24 mètres dans celles à simple voie, sauf dans les tranchées rocheuses où elle a 49 mètres dans les premières et 32 mètres dans les secondes, les talus étant beaucoup plus raides. On a adopté cette disposition pour éviter que les navires ne s'engagent dans un couloir trop étroit où s'engouffrerait le vent. La profondeur est de 7^{m}60, mais on pourra la porter à 9^{m}20. La Société d'études a proposé le débouquement à Arcachon, d'abord parce que certains Bordelais avaient fait de l'opposition au canal, et aussi parce que la baie d'Arcachon est inblocable. Un projet de port à Arcachon a été étudié en 1855 par l'administration et évalué par elle à 11 millions. Le débouquement du côté Narbonne a lieu à Gruissan; il a été étudié par les ingénieurs de l'État et aura de la ressemblance avec le port qui est à l'embouchure du canal qui relie la mer du Nord à Amsterdam. Le point culminant du canal projeté sera à la tranchée de Naurouse, qui aura 35 mètres de hauteur sur 30 kilomètres de longueur. Cette tranchée se trouve à la cote 167. Du côté de l'Océan il y aura 8 biefs, du côté de la Méditerranée 7, ce qui, avec le bief de partage, donne en totalité 16 biefs ou échelles d'écluses. Telles sont les conditions générales du projet.

Abordons maintenant la question de l'alimentation du canal. Elle n'est pas difficile. Il y a un bief de partage qui est alimenté par une rigole qui prend l'eau dans la Garonne, à la cote 190, aux environs de Carbone, dans les conditions les plus avantageuses. Voici comment on a procédé pour le calcul de la dépense d'eau. On évalue :

1° La perte par évaporation, à 4 millimètres d'eau par jour; ce chiffre est admis par tous les ingénieurs et hors de discussion.

2° La perte par infiltration, à 0^{m}060 en moyenne. La Commission a admis 0^{m}048 pour les déblais et 0^{m}068 pour les remblais. On a donc pris une moyenne supérieure à la moyenne arithmétique.

3° La perte aux écluses, qui est variable et sur laquelle des économies pourront d'ailleurs être réalisées en créant des *réservoirs d'épargne* aux écluses. Avec ces réservoirs d'épargne ou de compensation, système appliqué partiellement en France aux écluses de la Marne au Rhin et plus anciennement en Russie, on peut réduire la dépense de chaque éclusée aux deux cinquièmes d'une éclusée ordinaire. Quand un navire se présente dans le bief, on laisse entrer l'eau, puis on ferme la porte à l'amont et au lieu de laisser échapper l'eau dans le bief inférieur, on la laisse écouler dans les bassins de compensation, de façon à pouvoir la retrouver quand on ouvrira l'écluse. C'est très simple et de cette façon la perte aux écluses est très faible.

En admettant ces bases, la dépense totale quotidienne correspond à un débit par seconde de $7^{m3}880$, pour les biefs de partage de Toulouse à Barbeira ; soit 9 mètres cubes pour tenir compte de toute éventualité. Or la Garonne a, au plus bas étiage en amont de Toulouse, un débit de 40 mètres cubes par seconde fournis par la Garonne et l'Ariège (28^{m3} par la Garonne et 12^{m3} par l'Ariège). En prenant les 9 mètres cubes ci-dessus dans la Garonne par la rigole d'alimentation du bief de Naurouse, ainsi que 5 mètres cubes nécessaires pour alimenter les biefs qui sont sur le versant de la Méditerranée, il restera (40^{m3} moins 14^{m3}) 26 mètres cubes. Or, Toulouse ne demande que 12 mètres cubes pour ses industries.

Quant aux versants de l'Océan et de la Méditerranée, au dessous de Toulouse et de Barbeira, l'alimentation n'a jamais fait de difficultés. En effet, du côté de la Méditerranée, il faut pourvoir à 4 mètres cubes qu'on réduirait à moins de 3 mètres cubes avec des écluses à sas unique sans échelle.

Mais on aura d'abord à sa disposition les disponibilités d'eau envoyées par les manœuvres des écluses des biefs de partage et correspondant à près de 3 mètres par seconde ; reste donc à assurer une alimentation de 1 mètre avec des écluses à échelle. Or, une prise d'eau dans l'Aude peut fournir, à elle seule, 7 mètres au plus bas étiage.

Du côté de l'Océan, il faut pourvoir à 15 mètres cubes qu'on réduirait à 13 mètres avec des écluses à sas unique sans échelles.

Or, on recevra déjà près de 2 mètres des manœuvres des biefs de partage ; les 13 mètres d'alimentation extérieure pourront être facilement fournis par deux prises en Garonne : l'une de 5 mètres cubes un peu au-dessous de Toulouse, spécialement destinée aux deux biefs de Blagnac et de Grenade, et de 12 mètres cubes au-dessous de Toulouse, après que les usines ont rendu l'eau qu'elles ont utilisée ; on a prévu également une prise au-dessous du confluent du Tarn qui débite, à lui seul, 20 mètres cubes en bas étiage. Le débit de la Garonne est alors assez considérable, même dans les plus bas étiages, pour qu'il n'y ait aucune inquiétude à concevoir. Enfin une prise dans la Leyre, à Mios, pourra toujours alimenter la première écluse de l'Océan.

On peut donc affirmer que l'alimentation du canal est non seulement possible, mais encore facile et très pratique.

Je dirai maintenant quelques mots de l'exploitation du canal. Un graphique analogue à celui qu'on emploie dans les chemins de fer a été établi pour régler la circulation. La vitesse moyenne admise est de 11 kilomètres ; elle sera la même le jour et la nuit, car les trains seront dotés d'un système d'éclairage électrique qui permettra de circuler la nuit comme en plein jour. La lumière électrique est aujourd'hui tombée dans l'industrie et elle est moins coûteuse que d'autres lorsqu'on peut, comme ce sera le cas, la produire en grand. Au lieu de faire porter les feux de nuit à la rive du canal, on munira les moteurs de feux électriques assez puissants pour éclairer toute la route en avant ; à la place d'une multiplicité considérable de feux d'alignement, on n'aura que deux ou trois feux de marche auxquels on donnera d'autant plus d'intensité qu'ils seront réduits à un très petit nombre.

Il reste à justifier maintenant que cette vitesse moyenne de 11 kilomètres n'a rien d'exagéré. La Commission chargée en 1881 de donner son avis sur le projet de MM. Duclerc et de Lépinay avait accepté la vitesse de

12 kilomètres pendant le jour. Au canal de Suez, dont la section est de 312 mètres, les cuirassés passent avec une vitesse autorisée de 10 kilomètres, mais les talus ne sont pas ou sont peu protégés ; les améliorations projetées permettront d'atteindre la vitesse de 14 kilomètres ; vitesse qui a déjà pu être atteinte, puisque, en plusieurs circonstances, le canal, qui a 170 kilomètres, a pu être franchi en douze heures. Il est vrai qu'on peut forcer de vitesse dans les lacs. Les parties en double voie joueront dans le canal des deux mers le rôle des lacs dans celui de Suez, on pourra y accélérer la vitesse, de sorte que cela justifie le chiffre adopté de 11 kilomètres. Sur le canal calédonien, en Écosse (section 125^{m}50), cette vitesse de 11 kilomètres est d'ailleurs atteinte, et enfin sur le canal d'Amsterdam (section 280^m), on admet les grands navires à une vitesse de 9 kilomètres et les chaloupes à vapeur, ainsi que les navires de commerce, à 15 kilomètres à l'heure. Donc, en prenant 11 kilomètres de vitesse moyenne, on ne commet aucune exagération.

Le système de traction adopté est la traction par locomotives ; pendant le trajet les bateaux éteindront leurs feux et seront remorqués par des locomotives circulant sur des voies établies sur les berges. M. l'ingénieur Forquenot, directeur de la traction des chemins de fer d'Orléans, a calculé des types originaux qui remorqueront facilement les trains de bateaux, car la force possible est indéfinie, du moment que le profil est horizontal et qu'il n'y a pas de courbes au-dessous de 1,800 mètres de rayon. Deux locomotives seront attelées sur les berges, et les bateaux, affourchés à l'arrière sur deux poids morts, ne pourront bouger que dans le sens de la traction.

Quant à la résistance des berges elle sera suffisante, car elles seront sur toute leur longueur perreyées en maçonnerie de chaux hydraulique.

La durée totale du trajet sera de cinquante-huit heures, en supposant trois trains par jour dans chaque sens. Ce mode de traction, lors de l'examen du projet, a été approuvé par les amiraux faisant partie de la première Commission. Si, comme la Société d'études l'a prévu, on emploie des écluses à sas mobile, on pourra diminuer le nombre des écluses. En combinant le nombre de presses, il sera aussi facile d'élever les navires, que de monter, dans un hôtel, d'une cuisine en sous-sol, les plats au quatrième étage.

Je n'ai eu à parler que de la question technique, mais je crois vous avoir démontré qu'avec le projet de la Société d'études elle pourrait être facilement résolue, et comme tout est possible avec de l'argent, la construction du canal des deux mers devient une question financière. D'un autre côté, puisque des entrepreneurs sérieux, comme MM. Bord, entrepreneur du port de Saint-Nazaire, et Hersent, qui a exécuté tous les projets du port d'Anvers à forfait pour la somme fixée à l'avance, s'engagent à faire tous les travaux avec les 489,850,000 francs prévus au projet, les deux questions technique et financière sont donc résolues et rien ne s'oppose à ce que le canal des deux mers soit exécuté.

M Manier. J'exprimerai d'abord des remercîments à MM. Cahen et Dumont pour la manière habile dont ils ont présenté leur projet, et j'avoue que c'était difficile, puisque ce projet vient à la suite et a les traits d'un autre projet qui a été rejeté après appel. Ces messieurs, il est vrai, ont légèrement perfectionné l'avorton et atténué les défauts du monstre. Cela me rappelle les excuses d'une jeune fille à laquelle on reprochait d'avoir eu un enfant. « Oh ! Monsieur, il est si petit ! » répondit-elle.

Je ferai une autre remarque : A Bordeaux, Napoléon III a dit, dans un manifeste historique : « L'Empire, c'est la paix ! » Quelque temps après, il rencontra M. de Rothschild, qui voyait loin, et qui lui fit cette fine variante :

6

— 84 —

« Sire, la paix, c'est l'Empire! » Eh bien! ces messieurs, reculant devant
la difficulté du débouquement en Garonne et prenant surtout le transit
international pour objectif, font passer le canal hors de Bordeaux, loin de
Bordeaux, et vont le faire aboutir à Arcachon, disant aux Bordelais comme
cette femme de ménage qui, après avoir balayé le milieu de la chambre,
s'écriait, dans le *Charivari,* en brandissant son balai : « Si les coins en
veulent, qu'ils avancent!... » Ils font donc, dis-je, passer leur canal à Arcachon et disent : « Si Bordeaux en veut, qu'il avance! » Je retourne l'excla-
mation de Cham comme M. de Rothschild la déclaration de Napoléon III,
et je dis à ces Messieurs : « Avancez vers Bordeaux, ou vous ne ferez rien! »
C'est une bonne fortune pour un canal que de trouver sur son parcours une
grande place; pourquoi la dédaigner? En faisant passer le projet loin de
Bordeaux, on décapite le Midi de la France.

J'ajouterai que ce canal atténué envaserait infailliblement le port de
Bordeaux. M. Dumont vous a dit que l'alimentation était très facile; certainement, elle est très facile, mais si l'on prend toute l'eau pour le canal
maritime, on dessèche la Garonne, et alors qu'aura-t-on pour nettoyer tous
les jours le port de Bordeaux? S'il y a un principe admis, c'est que, pour
nettoyer un port, il faut le jusant; le jusant c'est un gros balai, Mesdames;
plus il est fort, mieux il chasse devant lui les dépôts qui encombrent la
rivière. Je citerai en exemple ce qui vient de se passer en Angleterre. On
a voulu construire, en amont de Londres, vis-à-vis de Twickenham, un
barrage afin de maintenir un niveau d'eau très élevé; mais si l'on avait
permis d'élever cet obstacle au flot, la force du balai aurait été affaiblie
d'autant; il s'en serait suivi un envasement proportionnel du port de Londres; aussi les armateurs résistèrent-ils énergiquement et firent-ils échouer
cette tentative des riverains.

La Commission des ponts et chaussées, qui a examiné le projet, a trouvé
également que si on prenait en grande partie l'eau de la Garonne et de
l'Ariège, le port de Bordeaux serait perdu; permettez-moi de citer ses
paroles :

« M. Lalande demande s'il résulte bien des rapports qu'en admettant
même que l'alimentation du canal fût possible et assurât la navigation en
tout temps dans des conditions convenables, le résultat ne pourrait être
obtenu qu'au prix du desséchement presque complet de la Garonne et de
l'Ariège. — M. Dingler répond que la Garonne et l'Ariège seraient absolument desséchés; il n'y aurait plus que la colature, c'est-à-dire les eaux
d'infiltration du canal.

» M. Lalande déclare que c'est une éventualité tout à fait effrayante. —
M. Béraldi demande si M. Godin de Lépinay admet ce desséchement. —
M. Dingler répond qu'il ne peut pas le nier; c'est un fait rigoureusement
établi. (Pages 9 et 10.)

» M. Jacquot. Cette entreprise du canal soulève des objections colossales,
mais la question de l'alimentation est tellement capitale que, résolue néga-
tivement, il n'y a plus rien à dire.

» Tout à l'heure, M. Lalande a fait une question à propos de la suppression de la Garonne et de l'Ariège; il ne manquera pas de réunir la Chambre
de commerce de Bordeaux, qui défendra ce grand port de commerce. En
1878, dans une Commission dont M. Jacquot faisait partie, M. Lalande
disait qu'à la suite de la grande crue, le port de Bordeaux, qui était devenu
mauvais, s'était amélioré subitement dans des proportions considérables.
L'existence de la Garonne est nécessaire au port de Bordeaux, et cette
existence serait compromise si on diminuait dans une forte proportion son
débit. » (Page 19. Séance du 29 juillet 1882.)

Mesdames et Messieurs, le nouveau projet diminuant, *dans une forte proportion,* le débit de la Garonne, compromettrait l'existence du port de Bordeaux, et il faut l'envoyer tenir compagnie au projet Duclerc, son parent.

M. Ferdinand CAHEN demande à répondre quelques mots à M. Manier. Il l'a écouté avec intérêt et ne voit rien d'étonnant à ce qu'il trouve son enfant plus beau que les autres. Il rappelle qu'à l'exposition de géographie de Toulouse, les deux projets, celui de M. Manier et celui de la Société d'études, étaient côte à côte et que le dernier a été favorisé d'une lettre de distinction, tout comme le projet du canal de Panama. Il demande quelle récompense a eue le projet de M. Manier, lequel, du reste, n'a jamais subi l'épreuve d'une discussion.

M. MANIER. — Rien, je n'y étais pas.

M. CAHEN ajoute que la Société d'études est aujourd'hui certaine que le canal des deux mers passera par Bordeaux, mais que, lors de l'exposition de Toulouse, elle n'avait pas la même certitude. Il insiste sur ce que le projet qu'il vient de présenter est une Garonne améliorée.

M. BAYSSELLANCE, ingénieur des constructions navales en retraite, tient à dire quelques mots de protestation au sujet des reproches adressés par M. Cahen aux commissions des ingénieurs qui examinent en France les projets. Il affirme qu'elles ne donnent leur opinion qu'après un examen sérieux et sans se laisser diriger par des intérêts particuliers. Il ajoute qu'au point de vue de Bordeaux il ne s'émeut pas beaucoup du projet par Arcachon, car on aurait à construire sur des sables mouvants, sur lesquels on peut à peine élever de petits murs de soutènement sans crainte de les voir démolis en peu de temps. D'ailleurs, si le projet est réalisable, Bordeaux sera disposé à lui donner son concours.

M. CAHEN répond qu'il ne veut pas se livrer à des attaques personnelles. Il soutient que la Commission des inspecteurs généraux a montré dans cette affaire une hostilité si grande que la Société d'études a dû la mettre en demeure de formuler ses objections par écrit. Il donne pour preuve les deux objections suivantes qui sont, dit-il, des merveilles :

« 1° Certaines tranchées du canal ne sont-elles pas exposées à être envahies par les neiges, comme le sont les tranchées des chemins de fer du Midi ?

» 2° L'alimentation des quatre biefs du versant de la Méditerranée en aval de l'écluse de Barbeira exige un volume de 9 mètres cubes par seconde en supposant que, sur cette section, toute l'eau de navigation s'écoule librement ;

» Or, l'Aude ne débite à Moussoulem que 5 mètres cubes par seconde en étiage d'été et 7 mètres cubes en étiage d'hiver; d'autre part les besoins à satisfaire actuellement en aval de Moussoulem exigent au moins $8^{m3}70$ par seconde.

» Comment la Société compte-t-elle se procurer l'eau nécessaire à l'alimentation des quatre biefs en aval de Barbeira ? »

Pour la *première objection*, dont il ne fera pas connaître l'auteur, la Société n'a pu qu'avancer timidement qu'aucune comparaison ne peut s'établir entre les tranchées de chemins de fer et celles du canal et qu'il est probable que, s'il tombe de la neige sur le canal, elle fondra tout aussitôt et augmentera l'alimentation, ce qui ne peut nuire.

Quant à la deuxième objection nous avons dit, ajoute M. Cahen, que l'Aude peut fournir 7 mètres cubes en plus bas étiage et nous maintenons ce chiffre, car la Commission a commis une erreur en affirmant que l'Aude ne débite que 5 mètres en étiage d'été à Moussoulem. La géographie du rapporteur n'est pas la nôtre, car l'Aude ne passe pas à Moussoulem, village placé sur l'Alzon, et ce ruisseau d'Alzon est un affluent du Fresquel (au nord-ouest de Carcassonne), affluent lui-même de l'Aude. Si donc la Commission admet 5 mètres cubes pour un affluent d'affluent, elle n'est pas loin de nous accorder les 7 mètres indiqués pour l'Aude elle-même; or, nous n'avons besoin que de 3 mètres.

M. le Président déclare la discussion close.

M. Gebelin, rapporteur de la Commission chargée d'examiner les travaux scolaires présentés au Concours de géographie, fait le rapport suivant :

Le concours ouvert par la Société de Géographie de Bergerac entre les écoles primaires publiques de la circonscription scolaire de Bergerac comprenait deux parties distinctes : les travaux d'élèves; les travaux de maîtres. Aux élèves on demandait un petit atlas ou cahier de cartes faites par eux et représentant les colonies françaises; aux maîtres on demandait la carte et la monographie de leur commune. On s'adressait à la bonne volonté de tous, mais personne n'était obligé de concourir. Les travaux, exécutés à loisir, devaient être déposés au concours à une date déterminée.

Sur 191 écoles publiques de la circonscription de Bergerac, 71 écoles ont envoyé des travaux d'élèves, soit en tout 240 petits atlas ou cahiers de cartes; 29 maîtres ont envoyé des travaux, soit 17 cartes de leur commune avec monographie à part et 12 cartes avec notices sur la même feuille que la carte.

Travaux d'élèves. — Des récompenses pour ces travaux ont été décernées par la Commission à 33 écoles; elles ne l'ont été pourtant qu'aux écoles dont la note était supérieure à la notation moyenne exprimée en chiffres. C'est dire que, dans la circonscription de Bergerac, on s'occupe de géographie avec beaucoup d'ardeur et avec beaucoup de soin. Peut-être même avec trop de soin. Je ne veux pas trop parler ici des magnifiques encadrements à l'encre noire ou à l'encre de couleur, des festons, ni même des drapeaux dessinés sur quelques cahiers; et je m'empresse d'ajouter que ces aspirations vers le mieux ne se rencontrent pas partout et qu'elles n'ont pas fait perdre du temps partout. En général, les cartes dressées par les élèves sont tellement remplies qu'elles dépassent la science de plus d'un et bien certainement celle de votre rapporteur. Sur certaines de ces cartes, on pourrait compter les 75 cours d'eau de la Martinique et les 8 cours d'eau du territoire de Pondichéry; on n'y trouve pas toujours le nom du grand fleuve de Chandernagor. Nous avons vu des cartes d'élèves où les moindres villages du Sénégal sont fixés; mais la position si importante de Dakar est souvent indiquée de façon imparfaite, si elle n'est pas omise. Nous ne désirons ni de petits chefs-d'œuvre, ni de petits prodiges; mais nous voudrions qu'un choix judicieux fût fait dans la multitude des détails, et qu'un élève n'inscrivît sur sa carte que ce qui peut raisonnablement être su. Cette réserve faite, et elle s'applique à un grand nombre de travaux d'élèves, même parmi ceux auxquels la Commission a décerné les plus hautes récompenses, nous ne saurions trop rendre justice à la somme considérable d'application consciencieuse et d'efforts dont le concours a donné la preuve.

Les concours ont leurs défauts. Le nôtre a été surtout une exposition. Votre rapporteur (qui s'abandonne trop à ses préférences personnelles) a-t-il sujet de se plaindre? Quoi qu'il en soit, nous avons tous constaté avec joie l'empressement des visiteurs vers le pavillon du Jardin Public, où les travaux scolaires étaient exposés, l'attention très sérieuse et très soutenue qui s'attachait à ces travaux. C'est là pour tous la preuve que les organisateurs ont fait une œuvre utile, une œuvre excellente de propagande géographique.

Travaux de maîtres. — Les travaux de maîtres ont excité au plus haut degré l'intérêt sympathique de la Commission. Toutes les cartes communales dressées par les maîtres ont de la valeur; plusieurs des monographies qui accompagnaient ces cartes ont une importance réelle et, qui mieux est, elles portent la marque visible d'un travail personnel. La Commission a vu, avec une vive satisfaction, que les maîtres observaient et jugeaient par eux-mêmes, qu'ils aimaient la commune où ils enseignent, qu'ils y trouvaient des éléments nombreux d'intérêt. Dans ce beau pays de la Dordogne, aux aspects si variés, les documents que fournit le sol, les documents que fournit l'histoire, ne manquent pas; les maîtres ont su les comprendre et les employer. Suivant la tournure particulière de leur esprit, suivant l'objet préféré de leurs études, et aussi suivant les sujets d'observation dont ils disposaient, ils nous ont ainsi révélé des topographes, des statisticiens, des agronomes, des naturalistes, voire des antiquaires et des adeptes convaincus de la science préhistorique. Beaucoup n'ont pas dédaigné la note gaie, et plusieurs ne l'ont pas forcée. Quelques-uns ont allié, dans des proportions exactes et sobres, les diverses parties du sujet qu'ils ont traité. Parmi ceux-là, il en est deux auxquels ce rapport doit une mention particulière : ce sont M. Laplace, instituteur à Couze, et M. Lavigné, instituteur à Monsac. Leurs deux mémoires ont été jugés dignes d'être insérés au *Bulletin* de la Société de Géographie commerciale de Bordeaux, organe du Groupe géographique du Sud-Ouest. Votre Commission le désire, et je crois pouvoir, dès à présent, affirmer sans témérité que son vœu sera entendu.

Les auteurs des monographies présentées au concours ont allié la géographie et l'histoire. Permettez-moi de les imiter.

A la fin du XVIIe siècle, le roi Louis XIV fit faire une grande enquête sur la situation de la France. Nous avons encore les rapports qui lui furent envoyés : ce sont les *Mémoires des Intendants;* ils nous ont conservé des renseignements précieux sur le sol, la population, les cultures, les ressources et les misères de la France d'il y a deux siècles.

Aujourd'hui nous n'avons plus d'intendants; nous avons beaucoup de maîtres d'école. En considérant les cartes et les monographies qu'un certain nombre d'entre eux ont bien voulu envoyer à notre concours, je me disais qu'une collection complète de ces travaux, ne dût-il s'agir que de l'arrondissement, formerait un ensemble utile. Puis je sentais ma pensée s'élever, je voyais l'horizon s'élargir : Quel admirable monument, si, dans chacune des communes de France, les maîtres nous disaient, bien soigneusement, bien simplement, ce qu'ils voient autour d'eux! La fin du XVIIe siècle nous a laissé les mémoires des intendants; puisse la fin du XIXe siècle laisser aux générations à venir les mémoires des instituteurs.

M. PAULIET remercie M. le Rapporteur des critiques bienveillantes et des conseils qu'il vient d'adresser aux maîtres et aux élèves et qu'ils mettront certainement à profit dans le prochain concours. M. Pauliet lit ensuite la liste des récompenses accordées par le jury.

TRAVAUX D'ÉLÈVES

3 Médailles de vermeil :
École de garçons de Bergerac, M. Dugalleix.
École de garçons de Moncaret, M. Lagorce.
École de filles de Mouleydier, Mme Laururie.

8 Médailles d'argent :
École de garçons de Bergerac, M. Reclus.
École de filles de Creysse, Mlle Malaroche.
École de garçons d'Eymet, M. Duffau.
École de garçons de Saint-Aubin-d'Eymet, M. Gauthier.
École de garçons d'Issigeac, M. Dupic.
École de garçons de Saint-Aubin-de-Lanquais, M. Laval.
École de filles de Sigoulès, Mlle Lagrange.
École de garçons de Gardonne, M. Simounet.

11 Médailles de bronze :
École de garçons de Mouleydier, M. Lamaud.
École de garçons de Saint-Cernin, M. Labeille.
École de filles de Saint-Pierre-d'Eyraud, Mlle Floirat.
École de filles d'Eymet, Mlle Gourd.
École de filles de Lamonzie-Montastruc, Mme Géraud.
École mixte de Saint-Perdoux, M. Polony.
École de filles de Gardonne, Mme Simounet.
École de garçons de Biron, M. Salles.
École de garçons de Vergt-de-Biron, M. Boudes.
École de garçons de Sigoulès, M. Coudert.
École de garçons de Monestier, M. Gonthier.

11 Mentions honorables :
École de garçons de Lamonzie-Montastruc, M. Dousset.
École de filles de Bergerac, Mlle Ronzeau.
École de garçons de Lalinde, M. Foucard.
École de garçons des Lèches, M. Basse.
École de garçons de Monferrand, M. Maure.
École de garçons de Pomport, M. Saignac.
École de garçons de Pressignac, M. Audit.
École de garçons de Saint-Marcel, M. Vitrac.
École de garçons de Saint-Méard-de-Gurçon, M. Hélias.
École de filles de Razac-d'Eymet, Mme Giraud.
École de filles de Saussignac, Mlle du Mouriez.

TRAVAUX DE MAITRES

M. Laplace, instituteur à Couze : « La France », par E. Reclus.
M. Lavigné, instituteur à Monsac : Un globe terrestre.

M. Duffau, instituteur à Eymet : Un globe terrestre.

M. Audit, instituteur à Pressignac : Atlas (G. Hubault).

M. Laplace, instituteur à Cadouin: Atlas (G. Hubault).

M. Simounet, instituteur à Gardonne : « Vie et travaux de Living·stone ».

M. Gard, instituteur à Lolme : « Vie et travaux de Livingstone ».

M. Hélias, instituteur à Saint-Méard-de-Gurçon : « Les Français au Niger, voyages et combats », par le capitaine Piétri.

Mentions honorables :

M. Eyriaud, instituteur au Fleix.
M. Delmas, instituteur à Monpazier.
Mme Gérald, institutrice à Sadillac.
M. Foucard, instituteur à Lalinde.

M. Dumontet de Lacroze, secrétaire général de la Société de Géographie de Périgueux, délégué de cette Société, déclare que la Société de Géographie de Périgueux, qui vient, dans l'ordre de fondation, immédiatement après celle de Bergerac, sollicite l'honneur de recevoir le Congrès à l'époque de la session suivante.

Le Congrès décide que la session suivante aura lieu à Périgueux.

M. le Président prononce la clôture de la session.
La séance est levée à quatre heures et demie.

Le soir, à sept heures et demie, un banquet intime, présidé par M. Prosper Fournier, président de la Société de Géographie de Bergerac, réunissait, à l'Hôtel des Princes, les membres du Congrès.

Au dessert, M. Fournier a constaté le succès du Congrès; il a porté un toast à M. Foncin, président d'honneur du Congrès, au Groupe géographique du Sud-Ouest, et en particulier à ceux de ses membres qui ont pris part au Congrès. — M. Labroue, au nom de la section centrale, a remercié la section de Bergerac qui a reçu les membres du Congrès, les organisateurs qui avaient accepté la mission difficile de préparer cette première réunion régionale, et enfin ces nombreux collaborateurs qui apportent à l'œuvre du Groupe géographique du Sud-Ouest leur sympathie morale et leur contribution pécuniaire. — M. Dumontet de Lacroze, au nom de la section de Périgueux, a exprimé sa reconnaissance pour l'accueil si cordial que la section de Bergerac avait fait au délégué de Périgueux, et fait des vœux ardents pour l'union et la prospérité du Groupe. — M. Maillefert a bu à M. Manier qui a passé la mer pour venir à Bergerac prendre une part constamment active aux travaux du Congrès. — M. Manier a exprimé le bonheur qu'il éprouvait toutes les fois qu'il venait en France. Il y a bien longtemps qu'il n'habite plus la France; mais Français par la naissance, il est resté Français par le cœur. Et comment ne pas aimer la France alors que les étrangers l'aiment (il en a eu bien des fois la preuve), comment ne pas venir en France alors que l'hospitalité française est à la fois si délicate et si empressée ? — Enfin, M. Manès, secrétaire général de la section centrale et, comme tel, spécialement chargé des relations avec le Groupe géographique du Sud-Ouest tout entier, a dit les sympathies du Groupe et sa confiance dans l'avenir de nos Congrès géographiques régionaux.

OUVRAGES PRÉSENTÉS AU CONGRÈS

Faure et Duché. *Méthode de géographie.* Bordeaux, Gounouilhou.

B. Girard. *Souvenirs de l'expédition de Tunisie ;* 56 pages. — *L'Égypte en 1882 ;* 308 pages. — *Les côtes de la Syrie et de l'Asie-Mineure ;* 136 pages. — *La Grèce en 1883 ;* 332 pages. Paris, Berger-Levrault, in-8°.

Émile Labroue. *Salies-de-Béarn. La ville et les environs. Son historique, ses eaux.* Bordeaux, imprimerie Gounouilhou, 1885, in-8°, 17 pages.

John Le Long. *L'émigration et la colonisation françaises aux rives de La Plata, de 1840 à 1884.* Paris, Delagrave, 1884, in-8°, 23 pages. — *Mémoire sur l'émigration présenté au Congrès national des Sociétés françaises de géographie, tenu à Toulouse en août 1884.* Toulouse, 1885, in-8°, 6 pages.

Léon Magne. *Aigoual et Causse noir.* Esquisse d'une carte topographique dressée sur relief. Juin 1885.

Ed. Marbeau. *Revue française de l'étranger et des colonies,* n⁰ˢ 3 et 6.

Ouvrages envoyés par M. le baron de Montour, savoir : 1° *Navigation. Canal de jonction de la Garonne à la Loire supérieure. Avant-projet. Rapport.* Paris, 12 septembre 1881, lithographié, in-4°, 60 pages et une carte ; 2° *Idem. Annexes au rapport.* Lithographié, in-4°, 12 pages ; 3° *Navigation. Note relative au projet de jonction de la Garonne à la Loire supérieure.* Paris, mars 1882, lithographié, in-4°, 9 pages ; 4° *Congrès régional de géographie de Bergerac. Canal de la Garonne à la Loire supérieure par la vallée de la Dordogne.* Paris, 1885, in-4°, 16 pages.

Société d'études de travaux français. *Avant-projet du canal des deux mers. Mémoire à l'appui du projet.* Paris, mars 1884, in-4°, 98 pages et deux cartes. — *Réponses au questionnaire posé par la Commission d'examen de l'avant-projet.* Février 1885, in-4°, 71 pages et un tableau graphique.

M. Rigaud, géographe à Bergerac, secrétaire de la Société de Géographie de Bergerac, auteur de nombreux travaux cartographiques, avait exposé deux grandes cartes dressées par lui. L'une était un planisphère, formant *Tableau synoptique des travaux de la section de Bergerac* et signalant, par des indications en couleur et des légendes explicatives, les divers points du globe qui ont fait l'objet d'une conférence ou d'une communication devant la Société de Géographie de Bergerac. Cette carte a obtenu un diplôme d'honneur au Congrès géographique national de Douai en 1883. L'autre carte fait partie d'une série de travaux que M. Rigaud a entrepris au sujet de l'histoire de *Jeanne Darc.* Elle indique l'itinéraire suivi par Jeanne Darc, les sièges et les combats auxquels elle a pris part.

Bordeaux. — Imp. G. Gounouilhou, rue Guiraude, 11.

RS .

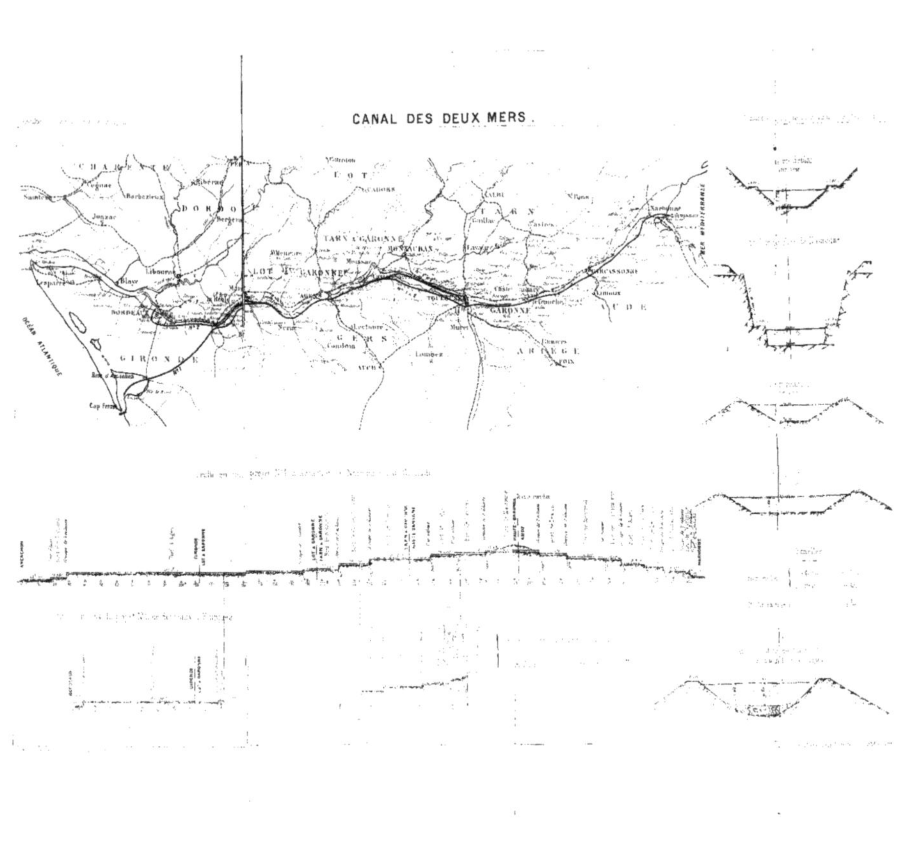

CANAL DES DEUX MERS.